L'équipe d'*Usbek & Rica*

Fondateur et directeur des publications
Jérôme Ruskin

Rédacteur en chef
Blaise Mao

Cofondateur et journaliste
Thierry Keller

Directeur de la stratégie digitale
Matthieu Vergote

Directrice artistique
Alice Jauneau

Directrice de production
Florie Debailleux

Directeur commercial
Romain Bourcier

Studio
Louise Baticle, Alice Carnec, Pierre-Olivier Cazenave, Émilie Degrace, Ninon Douhard, Johanna Finkelstein, Sarah Jacob, Cassandra Paléologue, Pierrick Rousset-Rouvière

Rédactrice en chef web
Elena Scappaticci

Rédaction
Émilie Écharoux
Pablo Maillé

Community manager
Chloé Diquero

Comptable
Marion Rhoum

Product owner junior
Guillaume Kervran

Chef de produit Loteries
Fatah Dhahri

Chef de produit Magazine
Amandine Chocteau

Responsable administrative et ressources humaines
Zoé Ducournau

Ont contribué à ce numéro

Secrétaires de rédaction
Nathalie Capiez
Sophie Loubier

Journalistes
Yoan Brazy, Louise Cognard, Julien Descalles, Lucas Deutsch, Christelle Granja, Laura Guien, Vincent Edin, Benoît Hervieu-Léger, Sophie Kloetzli, Benjamin Leclercq, Titiou Lecoq, Thomas Lestavel, Bastien Marchand, Fabien Palem, Antoine St. Epondyle, Laurent-David Samama, Éric Senabre, Millie Servant, Joseph Sournac, Lambert Stroh, Élisa Thévenet

Création graphique
Marine Benz
et Florent Texier

Illustrateurs
Simon Bailly, Yann Le Bec Coco, Clara Debray, Quentin Faucompré, Thomas Hayman, Agata Marszalek, Hector de la Vallée, Miroslav Weissmüller, Aline Zalco

Illustration de couverture
Lorenzo Gritti

Illustration de 4e de couverture
Clara Debray

Photographie
Zoé Ducournau
Fabien Dufour

Actionnaires
André B., Frédéric S., Jérôme R., Philippe F., ainsi que l'ensemble des salariés

Impression
CPI Aubin Imprimeur
Chemin des Deux-Croix
86240 Ligugé, France

Papier : origine Portugal, certifié PEFC
Encres : impression avec des encres certifiées Blue Angel
Colles : utilisation de colles éco-compatibles

Édité par
Les éditions Usbek & Rica SAS
au capital de 40 831 €
CPPAP : 0921 I 91602
ISSN : 2112-44-42
ISBN : 978-2-95815-680-0
Dépôt légal : janvier 2022
Date de publication : janvier 2022
Distribution en librairie : Pollen

Usbek & Rica, 51 rue de Turbigo, 75003 Paris (contact@usbeketrica.com)

Bienvenue dans l'âge de la maintenance

Il faut sauver les influenceurs !

Samedi 30 janvier 2021, à Palerme, une fillette de 5 ans découvre le corps inanimé de sa grande sœur : Antonella Sicomero, 10 ans, est morte asphyxiée après avoir pratiqué le « jeu du foulard » tout en se filmant sur TikTok. La police sicilienne concentre son enquête sur Ornella Zocco, une influenceuse âgée de 48 ans, mère de trois filles, suivie par 731 000 abonnés sur la plateforme. Sur son profil, elle découvre *« une vidéo dans laquelle l'influenceuse reproduit un 'défi' avec un homme, en se couvrant totalement le visage, y compris la bouche et le nez, avec du scotch transparent, de manière à ne pas pouvoir respirer »*, rapportent les enquêteurs. Le compte d'Ornella Zocco est bloqué. Quelques jours plus tard, l'influenceuse réagit : *« Je ne pense pas avoir commis de crime. J'aime la vie et les enfants. Mes vidéos sont divertissantes »*.

Jeudi 14 octobre 2021, l'influenceuse mode chinoise Luo Xiao Maomao, 25 ans et 678 000 abonnés sur Douyin (la version locale de TikTok), avale, devant le gros millier de fans qui suivent son *stream* ce jour-là, le contenu d'une bouteille renfermant des pesticides. Elle s'étouffe, coupe la caméra, appelle une ambulance, mais meurt le lendemain à l'hôpital. *« C'est probablement ma dernière vidéo, car je souffre de dépression depuis longtemps »*, avait prévenu la jeune femme en direct, quelques minutes avant de passer à l'acte. Certains de ses « fans » avaient alors posté des messages l'incitant à vider sans tarder le contenu de la bouteille.

Mercredi 22 décembre 2021, quatre jours après avoir posté une photo d'elle au ski, la youtubeuse suisse Maëva Frossard, 32 ans, mère de quatre enfants, est retrouvée morte. Le parquet d'Épinal ouvre une enquête pour « harcèlement moral ayant poussé au suicide ». Entre-temps, les comptes des détracteurs les plus virulents de « Mava Chou » ont été supprimés des réseaux sociaux. Suivie par 150 000 fans sur YouTube, la jeune femme était depuis plusieurs mois la cible de messages haineux. Cinq plaintes avaient été déposées depuis mai 2020 et sa séparation avec son ancien conjoint. *« C'est pas la grande forme depuis deux ans »*, confiait-elle dans une vidéo publiée peu avant sa mort.

Youtubeur > astronaute

La plupart des médias ont traité les fins tragiques d'Antonella, Maomao et Mava comme de simples faits divers, glauques et « croustillants ». On peut pourtant voir dans leur disparition un concentré de ce qui ne tourne pas rond aujourd'hui dans nos vies numériques. Comme une preuve ultime que 2021 aura été, hélas, une bien belle année pour la libre circulation du crétinisme, de la détresse psychologique et du harcèlement.

N'en déplaise aux cyniques qui ricanent encore quand ils lisent ou entendent le mot « influenceur », cette triple tragédie nous rappelle aussi que les « vlogueurs » et autres « créateurs de contenus » suivis par plus de 10 000 personnes sont des influenceurs au sens littéral du terme, c'est-à-dire des personnes qui, *« par leur position, leur notoriété et/ou leur exposition médiatique, ont un grand pouvoir d'influence sur l'opinion publique, voire sur les décideurs »*, d'après le Larousse.

Les marques les draguent, les dictateurs les emprisonnent et les ados les adorent. 86 % des Américains âgés de 13 à 38 ans aimeraient être payés pour poster du contenu sur les réseaux, d'après une enquête réalisée en 2019 par la société Morning Consult. Une autre étude, menée la même année par l'institut Harris Poll, révélait que « youtubeur » était le métier qui faisait le plus rêver les enfants américains et britanniques (30 % des réponses, contre 11 % seulement qui citent « astronaute » comme premier choix).

Caricatures humaines

Jadis, l'influence était pour l'essentiel une question de culture et d'entregent. C'était l'apanage des sachants et des puissants. Désormais, le réseau compte moins que « les » réseaux. Et rien – à part une mauvaise connexion – ne peut empêcher un individu lambda d'entretenir l'espoir de devenir un jour un influenceur.
Tant pis si les compteurs d'abonnés sont souvent gonflés artificiellement à coups de *bots* et de dollars. Tant pis si leur quotidien se révèle souvent stressant jusqu'à l'épuisement (*« Je prends des anxiolytiques, mais qui n'en prend pas aujourd'hui ? »*, lance un apprenti influenceur dans le savoureux documentaire *Fake Famous* diffusé sur HBO Max). Tant pis si seulement 6 % de ces « créateurs » gagnent plus de 20 000 euros par an avec leurs posts ou leurs vidéos. Et tant pis si une proportion non négligeable de ces vlogueurs n'a finalement rien d'intéressant à partager au monde, à l'image du personnage joué par Blanche Gardin dans sa grinçante série *La Meilleure version de moi-même*, à découvrir sur Canal+. Tout cela n'a pas beaucoup d'importance, car les influenceurs ne sont finalement qu'une version quasiment parodique de notre société. C'est vous et moi en mieux, en pire, en « toujours plus ». Ce sont nos travers, nos fantasmes, nos faiblesses qui pointent à travers leurs contenus. L'espèce humaine, mais dans sa version la plus fragile et caricaturale.

Chair à canon

Depuis le mois de février 2021, aux États-Unis, les influenceurs ont la possibilité d'adhérer à la Screen Actors Guild-American Federation of Television and Radio Artists, le très puissant syndicat qui représente déjà les intérêts de plus de 160 000 artistes. Un premier pas vers la reconnaissance officielle de leur statut et de leur travail. Mais cela suffira-t-il pour éviter qu'ils ne demeurent la chair à canon de la civilisation numérique ? Faudra-t-il bientôt incruster la mention « Faire des vidéos tue » sur les contenus des vlogueurs ? Recruter une armée de modérateurs pour surveiller, voire censurer certains *streams* ? Rendre les plateformes juridiquement responsables de la santé mentale des créateurs des contenus qui les font prospérer ?
Les réponses à ces questions sont à trouver rapidement. Car un nouveau pas a été franchi avec l'apparition des premières *« Bourses humaines »*. La start-up NewNew propose par exemple des sondages payants destinés à contrôler certaines décisions quotidiennes d'un influenceur, comme choisir le nom de son hamster. *« Nous édifions une économie de l'attention où on peut acheter des moments de la vie d'une autre personne et nous poussons les choses un peu plus loin en permettant aux gens de contrôler ces moments »*, précise au *New York Times* la PDG de NewNew, Courtne Smith, qui espère qu'à terme chacun pourra monnayer sa vie sur son site.
Pendant ce temps-là, en Sicile, Angelo Sicomero, père de famille endeuillé, s'interroge : *« Ma fille, ma petite Antonella, qui meurt à cause d'un jeu extrême sur TikTok : comment puis-je l'accepter ? »*

Blaise Mao
Rédacteur en chef

Ouverture d'un syndicat d'employés chez Starbucks

Jeudi 9 décembre 2021, le tout premier syndicat dans un établissement Starbucks aux États-Unis a vu le jour. *« C'est l'aboutissement d'un long chemin »*, a réagi Michelle Eisen, employée depuis 2010 dans le café de Buffalo (dans l'État de New York) où un vote historique a permis d'aboutir à la création du Starbucks Workers United. L'issue de ce scrutin était très observée dans tout le pays, depuis la tentative de syndicalisation menée en avril 2021 dans un entrepôt d'Amazon de l'Alabama (qui, elle, avait échoué). *« Rien de tel que l'odeur matinale d'un bon café syndiqué »*, a réagi la représentante démocrate Alexandria Ocasio-Cortez, qui se félicite de ce résultat. Durant les semaines précédant le scrutin, Starbucks avait, selon les organisateurs du scrutin, déployé les grands moyens pour convaincre les indécis de voter « non ».

Des « robots vivants » capables de se reproduire

En janvier 2020, des chercheurs de trois universités américaines (Harvard, Vermont, Tufts) dévoilaient des *« machines biologiques »* imaginées grâce à un algorithme évolutif avant d'être conçues en laboratoire. Dépistage précoce des cancers, administration ciblée de médicaments dans le corps humain... Les promesses médicales de ces « xénobots », mis au point à partir de cellules souches de *Xenopus laevis*, la grenouille africaine à griffes, semblaient vertigineuses. En novembre 2021, les chercheurs ont révélé que ces « robots vivants » étaient désormais capables de se reproduire : dans une certaine configuration, ils rassemblent des centaines de nouvelles cellules souches et les modèlent de façon à créer des bébés xénobots... *« Jamais une telle capacité n'avait été observée chez les cellules d'un autre animal ou même d'un végétal »*, écrit *Sciences et Avenir*.

Un robot de la Nasa « touche » la couronne du Soleil

Partie de la Terre le 12 août 2018, la sonde Parker Solar Probe a « touché » en avril 2021 la couronne aux airs de halo gazeux qui nimbe le Soleil. Il aura fallu plusieurs mois pour récupérer, puis confirmer les données de la sonde. Parker progressait à la vitesse de 100 kilomètres par seconde et, en pénétrant à l'intérieur de la couronne solaire, s'est rapprochée à 13 millions de kilomètres du centre de l'étoile. C'est la première fois qu'une sonde parvient à traverser la frontière irrégulière entre l'atmosphère solaire et le vent solaire, et cela à plusieurs reprises. *« Les instruments de la sonde ont enregistré les fluctuations du champ magnétique et de l'énergie du plasma, informations qui aideront les théoriciens à mieux comprendre le réchauffement de la couronne et l'origine du vent solaire »*, écrit l'American Physical Society.

Anecdotique

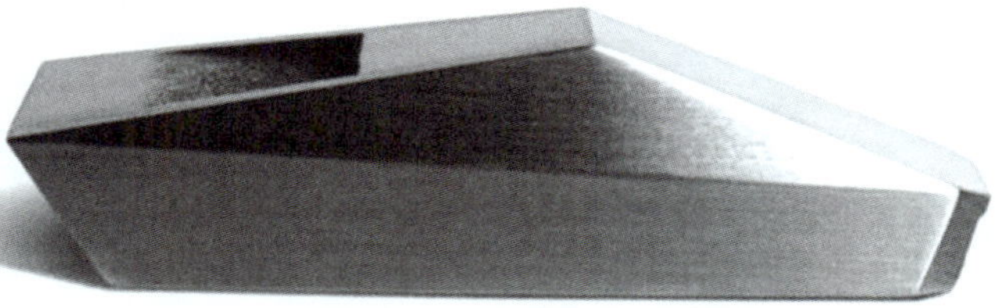

Le sifflet Tesla à 50 dollars

Élu « homme de l'année 2021 » par le magazine *Time*, Elon Musk ne manque jamais une occasion de faire parler de lui. L'entrepreneur n'hésite pas, non plus, à « chauffer » ses concurrents en tournant en dérision leurs produits et services. Le 1er décembre 2021, il a dévoilé sur Twitter un nouvel objet à acquérir sur le site de Tesla : un sifflet en acier inoxydable au design inspiré de celui du Cybertruck de sa marque automobile, accompagné du message suivant : *« Ne gaspillez pas votre argent en achetant cette stupide chiffonnette d'Apple, achetez plutôt notre sifflet ! »* Une allusion à l'accessoire commercialisé en octobre 2021 par la marque à la pomme pour la somme de 25 euros, en rupture de stock au bout de quelques jours. Moins de vingt-quatre heures après son tweet, le sifflet Tesla à 50 dollars était à son tour en rupture de stock. Fin de l'histoire.

Alexa pousse un enfant à relever le « défi du centime »

Dimanche 26 décembre 2021, la fille de Kristin Livdahl, 10 ans, demande à « l'assistant personnel intelligent » installé dans son salon de lui lancer un défi. Alexa lui suggère alors de coller une pièce de monnaie aux broches d'une prise électrique sous tension. Ce « défi du centime », qui circule sur TikTok et d'autres réseaux sociaux depuis plusieurs mois, peut entraîner des décharges électriques, mais aussi, dans le pire des cas, provoquer un incendie ou une électrocution. Amazon a indiqué avoir *« pris des mesures rapides pour corriger »* cette erreur. Mais cette histoire n'est qu'un énième exemple des limites de « l'intelligence » supposée de ces assistants, qui se contentent le plus souvent de « trouver sur le Web » les réponses aux questions qu'on leur pose.

Des Suédois testent le pass sanitaire sous la peau

L'entreprise suédoise DSruptive Subdermals a mis au point une micro-puce pouvant contenir un pass sanitaire qui s'implante sous la peau de la main ou du bras. De la taille d'un grain de riz, elle fonctionne sans batterie ni signal, et s'active seulement au contact des capteurs d'un smartphone. *« Cela signifie qu'elle ne peut pas être déclenchée pour connaître la position de la personne qui la porte »*, précise Hannes Sjoblad, le patron de DSruptive Subdermals. L'information, largement partagée et commentée en France, n'a pourtant rien d'exceptionnel dans un pays où plusieurs milliers de citoyens ont déjà recours à des implants sous-cutanés pour remplacer leurs clés, leurs cartes de visite ou leurs billets de train.

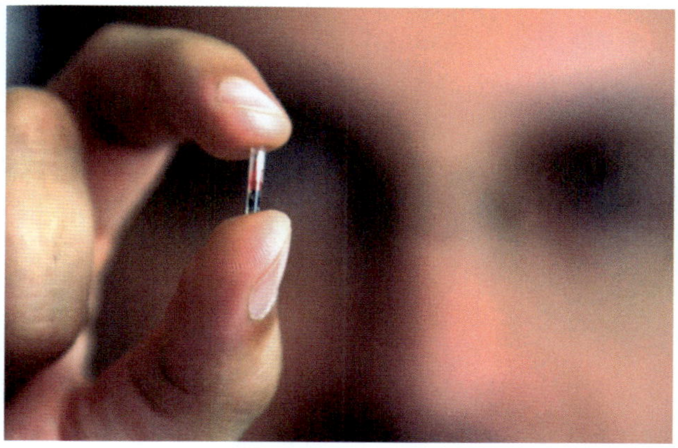

GARROS

Peng Shuai

Le 2 novembre 2021, la joueuse de tennis chinoise poste sur le réseau social Weibo un message – aussitôt censuré – dans lequel elle accuse l'ancien dirigeant communiste chinois Zhang Gaoli de l'avoir agressée sexuellement. Durant les trois semaines suivantes, le monde reste sans nouvelles de Peng Shuai. Le président de la Women's Tennis Association annonce *« la suspension immédiate de tous les tournois WTA en Chine, y compris à Hong kong »* et réclame une enquête indépendante. La championne finit par réapparaître en marge d'un tournoi à Pékin, puis un appel vidéo est organisé avec le Comité international olympique. Fin décembre, la jeune femme, dont le nom est alors toujours censuré dans son pays, se confie à un média singapourien prochinois : *« Je n'ai jamais dit ni écrit que quiconque m'a agressée sexuellement* [...] *Il y a eu un malentendu avec beaucoup de gens. »* Nouveau rebondissement d'une « affaire » qui a révélé, une fois de plus, l'autoritarisme du régime chinois.

Naufrage dans la Manche

Le drame qui s'est déroulé dans la nuit du 23 au 24 novembre 2021, au large du littoral français, résume bien l'horreur et l'inhumanité qui caractérisent ce que d'aucuns appellent encore la « crise des migrants ». Cette nuit-là, 27 migrants (dont deux mineurs) décèdent en mer alors qu'ils tentent de rejoindre le Royaume-Uni en traversant la Manche à bord d'un canoë gonflable. Deux rescapés du naufrage révèlent alors que ni les secours anglais, ni les secours français n'ont répondu aux multiples appels de détresse lancés alors que leur embarcation était en péril. De quoi inciter l'association d'aide aux migrants Utopia 56 à porter plainte pour « homicide involontaire » et « omission de porter secours ». Ce recours judiciaire vise le préfet maritime de la Manche, mais aussi les sauveteurs du Centre régional opérationnel de surveillance et de sauvetage (Cross) et les garde-côtes britanniques. Une plainte similaire a été déposée à Londres par des familles de victimes originaires du Kurdistan irakien.

Signe d'espoir

L'attractivité du secteur des énergies renouvelables

En mai 2021, pour la première fois de son histoire, l'Agence internationale de l'énergie reconnaissait la nécessité de *« sortir des énergies fossiles »* pour atteindre l'objectif de limitation de réchauffement planétaire à 1,5° C acté dans le cadre de l'Accord de Paris. Une étude publiée fin novembre 2021 vient valider cette prédiction. Conduite conjointement par le site Oilandgasjobsearch.com et l'entreprise de recrutement Brunel, elle révèle qu'à l'échelle mondiale, 56 % des salariés du pétrole et du gaz souhaitent désormais travailler dans les énergies renouvelables, un chiffre en augmentation spectaculaire par rapport à 2020 (38 %). Preuve de cette dynamique propre aux énergies vertes, au-delà de la question des « aspirations », 51 % des travailleurs actuels des renouvelables sont *« entrés dans le secteur »* au cours de ces douze derniers mois. Côté employeurs, le constat est encore plus frappant : 82 % des recruteurs interrogés travaillant dans le pétrole et le gaz affirment qu'*« au moins un poste sur dix à pourvoir est resté vacant pendant plus de trois mois »*, et 10 % d'entre eux *« ont dû faire revenir des retraités pour lutter contre la pénurie de main-d'œuvre »*.

Signe de fin de civilisation

Des chameaux botoxés disqualifiés dans un concours de beauté

Quel est le point commun entre Kim Kardashian, Megan Fox et certains chameaux ayant défilé lors de l'édition 2021 du festival du roi Abdulaziz, en Arabie Saoudite ? Tous ont subi des injections de toxine botulique, cette molécule ayant la propriété d'inhiber la transmission nerveuse au niveau des muscles et donc d'éviter leur contraction. Le festival saoudien est un peu l'équivalent du concours de « Miss Univers » mais... pour les chameaux. Courses, démonstrations, dégustations de lait de chamelle... Différentes épreuves sont organisées pour les dizaines de milliers d'éleveurs de camélidés qui s'y pressent, avec à la clé des prix d'un montant total de 58 millions d'euros. Pour remporter le gros lot, certains éleveurs ne reculent devant rien. Lors de l'édition 2021 du festival, les chameaux ont donc été scrutés et scannés des pattes aux oreilles par des vétérinaires et des salariés du ministère de l'Agriculture. Un examen minutieux qui a permis d'identifier les tricheurs : 27 chameaux ont été disqualifiés, car certaines parties de leur corps avaient été artificiellement étirées, et 16 autres bêtes pour avoir reçu des injections de Botox afin de redessiner l'ovale de leur mâchoire.

Bonjour à...

Une agression sexuelle dans le métavers

Le 28 octobre 2021, Facebook est devenu Meta. Un nouveau nom pour le groupe, qui a profité de cette annonce pour dessiner les contours du projet d'univers virtuel sur lequel il planche depuis plusieurs années déjà. Mi-décembre, la version bêta-test d'« Horizon Worlds » était lancée en grande pompe. Mais quelques jours plus tard, première polémique quand une utilisatrice révèle avoir subi une *« agression sexuelle »* au sein de ce métavers. *« Je n'ai pas seulement été tripotée hier soir, il y avait également d'autres personnes qui soutenaient ce comportement et m'ont fait me sentir isolée dans cet espace »*, précise la jeune femme. Vivek Sharma, vice-président d'Horizon Worlds, réagit en évoquant un incident *« absolument malheureux »*. De quoi relancer le débat sur la sécurité des femmes en ligne, mais aussi l'épineuse question de la qualification juridique d'une telle « agression sexuelle virtuelle ». Si le harcèlement sexuel reste répréhensible s'il a lieu dans un environnement virtuel, la juriste Tiphaine Bouglon confie à *Usbek & Rica* que *« pour qu'une agression soit qualifiée de viol, il faut qu'il y ait une matérialité »*.

Au revoir à...

La marque Lush quitte les réseaux sociaux

« Les médias sociaux rendent plus difficiles les échanges entre nous. Nous sommes fatigués de nous battre contre les algorithmes et nous ne voulons pas payer pour apparaître dans votre fil d'actualité. » Tel était le message posté en 2019 par la marque britannique Lush pour justifier son retrait des réseaux sociaux. Mais quelques mois plus tard, l'enseigne de produits de beauté naturels et vegans revenait sur sa décision à cause d'une forme de peur de manquer (le fameux phénomène de FOMO, « Fear of missing out »). Depuis le 26 novembre 2021, Lush a de nouveau disparu de Facebook, Instagram, Snapchat et TikTok, et ce dans les 48 pays où la marque est implantée. *« Il est temps d'arrêter de scroller et d'être ailleurs »*, écrit dans un communiqué la marque, qui dénonce les *« effets graves de ces médias sociaux sur la santé mentale »*. Cette disparition des réseaux sociaux a un coût, estimé par la marque à plus de 10 millions de livres (près de 12 millions d'euros). Mais Lush jure que, cette fois, elle ne reviendra pas sur sa décision, du moins tant que ces réseaux n'offriront pas *« un environnement plus sûr à leurs utilisateurs »*. À noter que la marque reste présente, jusqu'à nouvel ordre, sur Twitter, Pinterest, LinkedIn et YouTube.

BIENVENUE DANS L'ÂGE DE LA MAINTENANCE

Nos infrastructures se dégradent à grande vitesse et nos appareils sont programmés pour être obsolescents. Pour sortir de cette impasse, la maintenance doit devenir un enjeu stratégique. Mais comment rendre désirable une notion aussi peu affriolante ?

Dossier coordonné par Blaise Mao
Illustrations Thomas Hayman

Le mardi 14 août 2018, à 11 h 36, sous une pluie battante, deux travées du pont autoroutier Morandi s'effondrent. Trente-huit véhicules sont emportés dans la chute. Bilan officiel : 43 morts. Trois ans après la « catastrophe du pont de Gênes », le parquet italien publie les résultats d'une enquête accablante pour le concessionnaire de l'infrastructure : *« Entre l'inauguration du pont en 1967 et l'effondrement, il n'a pas été procédé aux interventions de maintenance minimales pour renforcer les haubans du pilier numéro 9 »*, celui qui s'est affaissé ce jour-là, constatent les magistrats italiens, qui dénoncent aussi des contrôles de sécurité *« lacunaires et inadéquats »*.
Il serait tentant de se rassurer en se disant que nos voisins transalpins ne sont pas forcément une référence en matière de travaux publics. Sauf que nombre d'infrastructures *made in France* risquent elles aussi de connaître une fin tragique : selon un audit du réseau routier dévoilé en 2018, un tiers des 12 000 ponts sous la responsabilité de l'État nécessiteraient des travaux de rénovation... Comment expliquer un tel laisser-aller ? *« La maintenance se caractérise par un paradoxe : elle est à la fois absolument indispensable et trop souvent négligée »*, écrivent les universitaires américains Lee Vinsel et Andrew Russell dans *The Innovation Delusion* (Currency, 2020), l'ouvrage de référence sur le sujet, dont la lecture nous a donné envie d'explorer cet « âge de la maintenance » dans lequel il est temps d'entrer de plain-pied. Encore faut-il pour cela entreprendre une double révolution, économique mais aussi culturelle.

Sortir du culte de l'innovation

« N'imitez pas, innovez ! ». Le fameux slogan de la publicité Hugo Boss pourrait être le mantra *corporate* de ce début de XXIe siècle. Alors même que beaucoup d'entre elles ne créent pas ou peu de valeur, les entreprises entretiennent encore le culte de l'innovation. À tel point qu'un glissement sémantique s'est opéré, le terme « innovation »

finissant par se substituer à celui de « progrès ». *« Cela permet d'éviter de se poser la question de savoir si une nouveauté est réellement une amélioration »*, écrivait dès 2014 l'historienne Jill Lepore dans les colonnes du *New Yorker*, avant de constater que *« le monde ne va peut-être pas de mieux en mieux, mais nos appareils sont de plus en plus neufs »*.

Entendons-nous bien : le problème n'est pas l'innovation en tant que telle – mettre au point un vaccin contre un coronavirus en seulement dix mois est une prouesse objectivement remarquable –, mais le discours incantatoire autour de l'innovation, dont le solutionnisme technologique n'est finalement que le symptôme le plus évident. Le scandale autour de la start-up Theranos, qui promettait de *« révolutionner le marché des analyses de sang »*, mais dont la fondatrice a été condamnée pour fraude en janvier 2022 et risque une peine de plusieurs dizaines d'années de prison, en est un exemple éloquent.

Ce qui est tout nouveau n'est pas forcément tout beau. D'ailleurs, au fil des siècles, *« l'essentiel de l'activité intellectuelle des humains a consisté à reproduire exactement à l'identique ce que faisaient leurs ancêtres. L'homme est un coopérateur et un imitateur-né, bien avant d'être un innovateur »*, rappelait dans une interview accordée en 2019 au *Figaro* l'ingénieur Philippe Bihouix. Mais plus que de nouveaux bataillons de disrupteurs ou d'imitateurs, nous avons aujourd'hui besoin de grossir les rangs de la grande famille de la maintenance.

Rendre visibles les invisibles

« Quelques âmes courageuses sont prêtes à prendre tous les risques… pour que rien ne se passe. » Dans une hilarante parodie de blockbuster hollywoodien diffusée en 2015 dans son émission « Last Week Tonight » (avec Edward Norton et Steve Buscemi en *guest stars*), John Oliver cerne mieux que personne le charme discret des *maintainers* : *« Les infrastructures, c'est comme les Lego. En construire, c'est marrant ; en détruire, c'est marrant ; mais une boîte de Lego Maintenance, ça serait le jouet le plus ennuyeux au monde. »* L'animateur a raison. La bonne maintenance est celle qu'on ne voit pas. Le Shinkansen en est la preuve : depuis sa mise en service en 1964, le TGV japonais n'a jamais connu le moindre accident mortel et n'a déraillé qu'à deux reprises (à cause d'un tremblement de terre et d'une tempête de neige). Mais il faut croire que les citoyens / électeurs ne sont pas toujours capables d'évaluer l'état de détérioration des infrastructures. Sinon, la maintenance ferait moins souvent office de variable d'ajustement budgétaire.

Au-delà des hommes de terrain qui, littéralement, « prennent soin » de notre monde, il semble que nous soyons tous des *maintainers* en puissance. *« Se débarrasser d'un objet sur le trottoir alors que celui-ci a seulement besoin d'être réparé, c'est absurde. Et chacun ressent cette absurdité au fond de lui »*, veut croire le designer Christopher Santerre, convaincu que *« notre goût pour la réparation et l'entretien est là, il attend juste d'être encouragé »*. Durant cinq ans, il a porté le projet de L'Increvable, une machine à laver le linge conçue pour être facilement réparée et améliorée. Si le concept a séduit de nombreuses personnes lassées d'acheter des produits difficiles, voire impossibles à réparer, cela n'a pas suffi pour convaincre industriels et investisseurs d'apporter leur soutien afin de finaliser son développement et de passer à la production en série. Selon Christopher Santerre, la maintenance serait donc moins un problème technique ou culturel qu'un enjeu politique et économique : *« La priorité pour les prochaines années, c'est d'adopter une stratégie industrielle avec une vision sur le long terme, pour que celle-ci soit synonyme de création d'emplois locaux et compatible avec les enjeux écologiques. Pour cela, nous avons besoin d'un plan d'investissement massif et d'incitations économiques fortes pour rendre la réparation plus attractive que le fait de jeter. »*

La Suède indique la voie à suivre. Depuis 2017, un allègement fiscal permet aux Suédois de réduire de moitié le coût de l'embauche de personnel pour réparer leurs appareils. Résultat, rien que pour l'électroménager, les réparations ont bondi de 16 % en 2020. Autre signal encourageant : Apple, qui ne concevait jusqu'alors que des produits « fermés », a annoncé en novembre 2021 le lancement d'un service de réparation en libre-service. Autrement dit, il sera possible de réparer un iPhone 12 ou 13 (et, à terme, les futurs iPhone et Mac) sans passer par un Apple Store. Qui sait, de la même manière qu'on date le début de la révolution numérique à la présentation du premier iPhone, peut-être se souviendra-t-on un jour de cette annonce comme de l'entrée officielle de l'humanité dans l'âge de la maintenance ? •

3 PISTES POUR ENTRER DANS L'ÂGE DE LA MAINTENANCE

Entre obsolescence programmée et boîtes noires techniques, notre société rivalise d'ingéniosité pour éviter de mener à bien d'indispensables opérations de maintenance. Là où le laisser-faire économique semble sans effet, *Usbek & Rica* fait le pari du droit, pour une raison simple : « Société mainteneuse, société heureuse. »

Texte Bastien Marchand

Les catastrophes impliquant des infrastructures *« sont en général dues à la négligence des hommes et aux retards dans les opérations de maintenance »*. C'est en tout cas la thèse de Pierre Caye, directeur de recherche au CNRS et auteur du livre *Durer: éléments pour la transformation du système productif* (Les Belles Lettres, 2020). Pourtant, depuis *America in Ruins: The Decaying Infrastructure*, publié en 1981, les rapports alertant sur l'état des infrastructures ne manquent pas. Pour Pierre Caye, l'explication est toute trouvée: *« On assiste depuis les années 1980 à une tentative de capture du droit par l'économie »*, ce qui détournerait selon lui les entreprises privées et les pouvoirs publics des incontournables opérations de maintenance. Or, là où le droit cherche à faire durer des stocks, l'économie tente de faire croître des flux. Conséquence, *« l'économie pure, c'est de l'entropie*, confie Pierre Caye. *La croissance économique dit: en se déployant, l'économie grossit. Mais la physique nous dit le contraire: dès que ça se déploie, ça s'épuise »*. Manque de chance, *« pour l'idéologie libérale, c'est la production qui assure à une société les moyens de sa reproduction. C'est ce qu'on appelle la théorie de la croissance endogène »*.

« Dans la durée pour la durée »

La revalorisation de la maintenance pourrait donc passer par le rééquilibrage du droit et de l'économie, voire par la subordination de l'économie vis-à-vis du droit. *« Le droit travaille dans la durée pour la durée, tandis que l'économie a besoin de raccourcir les délais pour augmenter la productivité. Le droit assied les transmissions, quand l'économie se contente de circulation. »* Entretenir et transmettre, voilà les deux objectifs de l'alliance scellée entre la maintenance et le droit afin d'inféoder l'économie de l'innovation et de limiter ses capacités de destruction: *« La maintenance remet en cause toute la construction de la comptabilité nationale, rendant visibles des activités qui aujourd'hui sont invisibilisées, pas comptabilisées, pas rémunérées, alors même qu'elles jouent un rôle primordial. »*

Pour aider le droit à échapper à cette *« tentative de capture »* et bâtir un cadre favorisant la réparation, l'entretien et la maintenance des objets et des infrastructures, *Usbek & Rica* développe ici trois pistes d'ordre juridique.

Piste 1 : Une personnalité juridique pour les infrastructures

Depuis la rivière Vilcabamba en Équateur (2011), pionnière en la matière, de nombreux fleuves à travers le monde se sont vu accorder ces dernières années une personnalité juridique : Atrato en Colombie (2016), Whanganui en Nouvelle-Zélande (2017), Gange et Yamuna en Inde (2017). Au Bangladesh, depuis 2019, cela concerne même toutes les rivières du pays. En France, des groupes d'activistes (Parlement de Loire, Appel du Rhône, La Seine n'est pas à vendre, notamment) cherchent à suivre la tendance avec les grands cours d'eau du pays. En 2021, une pétition citoyenne a été lancée en Corse pour accorder des droits au fleuve Tavignanu et empêcher un projet d'enfouissement de déchets. La reconnaissance de ces infrastructures naturelles comme personnalités juridiques permet à certains collectifs d'humains de les représenter et de les défendre sur la scène légale, par exemple contre des projets d'aménagement du territoire. Bref, en un sens, d'en assurer la maintenance via leur préservation. Depuis Marie-Angèle Hermitte, docteure en droit et directrice de recherche au CNRS, on regroupe ces initiatives sous le label d'« animisme juridique ». L'animisme, c'est la façon dont les anthropologues caractérisent les peuples qui attribuent aux entités non humaines une âme similaire à l'âme humaine. L'animisme juridique, c'est donc la traduction juridique de cette âme, l'accès à une représentation légale.

Mais pourquoi s'en tenir aux infrastructures naturelles ? C'est l'une des questions soulevées par deux anthropologues, Matthäus Rest et Alessandro Rippa, dans un article intitulé « Road animism. Reflections on the life of infrastructures », paru en 2019. Ils tentent d'y explorer la possibilité d'une extension de l'animisme tel qu'on le définit aujourd'hui. *« On ne prétend pas qu'il y a de la vie dans les routes. Par contre, les routes – en ce qu'elles enchevêtrent des mondes sociaux, des configurations environnementales, des imaginaires et des temporalités – sont en vie »*, écrivent les anthropologues. Grâce à leur capacité *« à susciter des attentes et des craintes, à attirer des investissements, à générer des conflits ou à contribuer à la reconstruction de certaines formes de localité »*, les routes *« sont des objets très matériels qui dépassent constamment leur propre matérialité »* et qui *« s'engagent avec les peuples ainsi qu'avec leurs cosmologies, à travers des relations affectives complexes »*.

Élargir la définition anthropologique de l'animisme – de *« ce qui a une conscience de soi »* à *« ce à partir de quoi la vie se déploie »* – pourrait ouvrir la voie à un second élargissement, celui de l'animisme infrastructurel. Puisque les infrastructures sont *« en vie »*, pourquoi ne pas leur accorder une personnalité juridique ? Si un fleuve peut se défendre légalement, pourquoi une route ne pourrait-elle pas le faire ? Là où l'animisme juridique cherche à protéger les entités non humaines, un « animisme infrastructurel » pourrait autoriser des collectifs d'humains à plaider pour l'entretien et la maintenance de nos infrastructures.

Piste 2 : Des droits aux objets, des devoirs pour leurs utilisateurs

En 2006, le Mouvement vers le socialisme (MAS) porte Evo Morales à la présidence de la Bolivie. Une Assemblée constituante est organisée. Elle sera historique, et pour cause : c'est la première fois que des communautés indigènes sont invitées à participer à un tel processus, alors que les institutions modernes issues de la colonisation avaient pris la mauvaise habitude de les en évincer. Dans le cadre de cette « Constituante », les Boliviens sont appelés à tout remettre à plat. C'est quoi, être bolivien ? Qu'est-ce qui compte ? Quelles entités ont une densité ? Qui est sujet de droit ? Bref, imaginez une immense réunion de (re)cadrage à l'échelle d'un pays. La présence des autochtones et de leurs « cosmovisions » impose une avancée majeure : la Pachamama – la nature prise comme méta-entité – entre dans le droit bolivien et, à l'issue de ce processus, un « ministère de la Terre-Mère » est même créé.

À sa tête, le ministre Benecio Quispe souhaite prolonger les réflexions de l'Assemblée constituante en y intégrant d'autres entités non humaines,

Si un fleuve peut se défendre légalement, pourquoi une route ne pourrait-elle pas le faire ?

comme les ressources naturelles et, par extension, les infrastructures, les objets et les technologies. Le chercheur en sciences économiques Diego Landivar et l'anthropologue Émilie Ramillien, du laboratoire de recherche Origens Media Lab, sont allés observer les ateliers citoyens organisés par le ministère. *« Ce qui a été immédiatement dit par les communautés autochtones présentes*, se souvient Diego Landivar, *c'est qu'il fallait respecter l'objet, non pas parce qu'il a un impact sur l'environnement, mais parce qu'il constitue un être social qui reflète une activité, un investissement, un effort, une pénibilité. L'objet reflète pour eux une intensité relationnelle. »* Pour ces peuples, *« un objet peut être porteur d'une âme. C'est potentiellement plus qu'un objet. Aucun d'entre eux ne s'aventurait à remettre en cause cette hypothèse »*.

Dans un article académique au titre énigmatique (« La dignité de l'objet face à l'arrêt du monde. Entre déclosion et forclusion, instauration et destauration », copublié par Diego Landivar et son collègue philosophe Alexandre Monnin), le ministre Quispe explique le dispositif : *« Cette réflexion devrait nous permettre de savoir dans quels cas on doit donner des droits aux objets, car ces objets ne sont aujourd'hui pas respectés. Or, derrière ce respect, il y a le respect de la vie et de la Pachamama.* [...] *Quels types de droits pour quels types d'objets ? »* Pendant huit mois, des citoyens se réunissent pour répondre à la question posée par le ministre. Ils proposent alors d'accorder des droits aux objets et d'imposer des devoirs à leurs utilisateurs : « Droit à une espérance de vie maximale » ; « Interdiction de l'abandon » ; « Droit à l'intégrité physique » ; « Droit au soin et à la réparation ». Si, en Bolivie, ce droit des objets est demeuré à l'état expérimental, il trouve un écho important dans d'autres régions du monde, notamment en France où un « indice de réparabilité » est entré en vigueur le 1er janvier 2021. Du chemin reste toutefois à parcourir : dans l'Union européenne, le « droit à la réparation », attendu depuis plusieurs mois, tarde à voir le jour...

Piste 3 : Un tribunal pour décider de l'existence d'entités

« On peut voir notre société comme une immense baignoire qui est en train de déborder. Pour la rendre écologique, c'est-à-dire faire baisser le niveau d'eau, tout le monde est occupé à essayer d'écoper avec des innovations technologiques. Mais personne ne s'occupe du robinet qui continue à couler. Nous, on propose d'en réduire le débit. » C'est ainsi que Joseph Sournac et Lucas Deutsch, deux des trois cofondateurs de sinonvirgule, une entreprise de conseil en stratégies écologiques, introduisent leurs « tribunaux d'existence ». Comme leur nom l'indique, ces tribunaux visent à statuer juridiquement si l'entité dont on fait le procès (une start-up, un projet d'infrastructure, etc.) peut disposer ou non d'un droit à exister. *« On cherche à organiser un débat contradictoire entre des droits opposés. D'un côté, la liberté d'entreprendre, qui est un droit déjà extrêmement bien représenté et qui dispose de nombreux outils. De l'autre, les droits des invisibles que sont les générations futures, les non-humains et les communs, qui n'ont pas accès aux dispositifs légaux traditionnels. »*

Faut-il imposer une date de péremption aux entités ?

Comme dans un « vrai » tribunal, l'accusé – ici, l'entité qui souhaite voir le jour – est questionné par l'accusation, puis par la défense. *« L'accusation est chargée de montrer tous les impacts négatifs du projet et, à ce titre, elle peut convoquer plusieurs témoins. »* Se succèdent alors à la barre des experts, qui sondent l'artificialité ou la légitimité du besoin auquel l'entité souhaite répondre, des designers qui s'assurent que la solution proposée est proportionnelle et adaptée au besoin, des représentants des générations futures chargés de penser les effets à très long terme de l'entité, ainsi que des représentants des non-humains responsables de défendre les intérêts des minéraux, des végétaux et des animaux. En face, les témoins de la défense mobilisent les outils traditionnels de l'entreprise : modèle d'affaires, étude utilisateurs, plan de financement, etc. Au-delà du droit d'existence, les jurys citoyens en charge de donner le verdict doivent *« définir les règles de base, les conditions sous lesquelles l'entité peut exister ou non »*. Faut-il imposer une date de péremption à l'entité ? Des restrictions d'accès à certaines ressources ?

Du point de vue de la maintenance, ce *« dispositif filtrant, mais aussi cadrant »* pourrait avoir un effet immédiat : *« Plus on refuse la construction d'entités, moins il y en aura à maintenir. »* Deuxième vertu, les tribunaux d'existence pourraient régulièrement s'assurer que les entités créées sont entretenues. *« Ils seraient mobilisés pour s'assurer que l'entité, une fois qu'elle existe, prenne par exemple soin des communs et des infrastructures sur lesquelles elle repose. »* Enfin, ces tribunaux pourraient permettre une réallocation des compétences. *« Mine de rien, beaucoup de ressources, intellectuelles ou financières, sont actuellement consacrées à l'émergence de nouvelles entités qui détruisent l'habitabilité de la Terre. En "fermant les vannes", ces ressources sont rendues disponibles et peuvent être réallouées à d'autres tâches, notamment celles de la maintenance. »* Tout cela vous paraît trop radical ? Sournac et Deutsch ont un dernier argument : *« Aujourd'hui, un panel d'investisseurs est un tribunal d'existence qui s'ignore, puisqu'il a droit de vie et de mort sur une entreprise. Le dispositif qu'on propose, au moins, rend des décisions équitables, impartiales et démocratiques... »* •

Une ancienne école maternelle au sein de l'enceinte
du Centre hospitalier Jean Marcel de Brignoles (Var).

« La nouvelle génération ne veut plus construire en béton ! »

Qui dit maintenance dit réparation, mais aussi et surtout réhabilitation. Une notion chère à Aurélie Vissac et Charlotte Lovera, deux architectes travaillant respectivement pour les agences amàco et Aïno.

Propos recueillis par Christelle Granja
Photographies Atelier Aïno

À lui seul, le secteur du BTP représente près de 40 % des émissions de CO_2 de la France. Face à une telle empreinte carbone, des voix s'élèvent contre l'énergivore diptyque démolition/construction et rappellent que l'essentiel de la ville de demain est déjà là, sous nos yeux. En 2017, l'école Ensa Normandie révélait que 75 % des étudiants architectes français étaient diplômés sans avoir reçu la moindre formation à la réhabilitation. Ce décalage entre la formation de la nouvelle génération et les enjeux actuels du métier, les architectes et ingénieurs d'amàco entendent bien le combler. Ce collectif, qui défend un bâti moins carboné, vient de lancer avec huit partenaires un ambitieux programme pédagogique baptisé RESSOURCES. L'amorce d'une bascule de la profession d'architecte, de constructeur à « aménageur de l'existant » ? Réponses avec Aurélie Vissac, coordinatrice du projet chez amàco, et Charlotte Lovera, architecte spécialiste de la réhabilitation au sein de la jeune agence Aïno

USBEK & RICA Pourquoi la réhabilitation doit-elle occuper une place centrale dans la ville de demain ?

AURÉLIE VISSAC La réhabilitation représente un enjeu fondamental pour le secteur du bâtiment. Elle devrait être la norme, car elle permet d'éviter de piocher dans des ressources non renouvelables ou en passe d'être épuisées, mais aussi de diminuer les émissions générées par le secteur du BTP, qu'elles soient issues d'énergies « vertes » ou non. Tendre vers cette sobriété est nécessaire. Au sein du projet RESSOURCES, qu'amàco a lancé avec des écoles d'architecture, une école d'ingénieurs et un organisme de formation professionnelle, la réhabilitation est enseignée via des cours à distance, mais surtout grâce à une pédagogie expérientielle. Les étudiants – nous souhaitons en toucher environ 20 000 par an, auxquels pourrait s'ajouter un public en formation continue – sont amenés à identifier les ressources d'un territoire, à manipuler et à transformer la matière, et certains vont jusqu'à finaliser un projet de réhabilitation.

CHARLOTTE LOVERA Réhabiliter, c'est réparer le « déjà-là » pour limiter la production de déchets. Cela consiste à faire avec l'existant, qu'il s'agisse de ressources, de matériaux, mais aussi de compétences et de savoir-faire. En tant qu'architecte, cela passe par l'élaboration d'un diagnostic ressources du bâtiment. En amont de la conception du projet, nous visitons le site pour répertorier chaque élément et matériau : sanitaires, revêtements des sols, fenêtres, luminaires... Nous arbitrons entre ce qui sera gardé, ce qui sera jeté – si la pollution est trop importante par exemple – et ce qu'on pourra réemployer. L'ambition est de conserver au maximum, de démolir au minimum. À Septèmes-les-Vallons (Bouches-du-Rhône), je travaille au sein de l'agence Aïno à la réhabilitation de sept immeubles en cœur de ville. Du bâtiment historique, typique des constructions provençales d'avant 1900, nous allons notamment conserver les sols en tomettes et les cheminées en marbre, qui apportent aux logements une qualité d'usage dont l'équivalent est rare dans l'habitat neuf.

U&R Quelle place est aujourd'hui accordée à la réhabilitation dans la formation des architectes ?

A.V. La réhabilitation va au-delà des questions spécifiques liées à la rénovation énergétique des bâtiments. Elle est encore peu enseignée dans les écoles d'architectes et d'ingénieurs, mis à part à l'École de Chaillot (*qui permet aux architectes de se spécialiser dans la restauration et la mise en valeur des monuments historiques, et plus largement du patrimoine architectural, urbain et paysager, ndlr*). Mais ces dernières années, les choses bougent, la nouvelle génération est très consciente des enjeux écologiques, elle ne veut plus apprendre à construire en béton ! La demande est tellement importante de la part des étudiants que les équipes pédagogiques n'ont pas d'autre choix que de s'adapter. C'est un levier de changement très fort. À titre d'exemple, l'Institut national des sciences appliquées de Lyon a récemment refondé son offre pédagogique, en plaçant la notion de « transition au développement durable » au cœur de son parcours. C'est aussi l'origine de RESSOURCES : rassembler des contenus existants encore marginalement enseignés pour que le plus grand nombre d'enseignants puisse se l'approprier.

« Aujourd'hui, la réhabilitation reste minoritaire par rapport à la construction neuve »

U&R Cette évolution récente est-elle révélatrice de la place actuelle de la réhabilitation dans le BTP ?

C.L Aujourd'hui, la réhabilitation reste minoritaire par rapport à la construction neuve, même si elle est davantage présente qu'hier dans les commandes. Cette marginalité s'explique par le fait que la réhabilitation ne correspond pas aux logiques actuelles du secteur, tant économiques que culturelles. Les maîtres d'œuvre et d'ouvrage, par leur formation notamment, ont encore très souvent un réflexe constructif. Cela relève d'une vision de l'architecte au geste créateur, constructeur de formes neuves et libres, d'icônes urbaines. Cela répond aussi à une volonté politique, car souvent la réhabilitation ne se voit pas. Sa discrétion se prête moins à des actions de communication qu'un projet neuf. Par ailleurs, elle exige un temps d'étude et de diagnostic important : réfléchir au réemploi de matériaux est plus long que de les mettre à la benne. Mais ce temps-là n'est pas rémunéré, car les honoraires des architectes et des bureaux d'études sont calculés en pourcentage des coûts des travaux finaux. La logique financière pousserait donc les architectes à augmenter ces coûts pour être mieux payés : c'est un réel problème !

Sur les hauteurs de Grasse (Alpes-Maritimes), une ancienne maison de repos requalifiée en dix-huit logements.

A.V. Défendre des projets de réhabilitation demande encore beaucoup de pédagogie auprès de tous les acteurs du bâtiment, même si les prémices d'un changement s'observent sur le terrain. Certains signaux sont positifs : des pionniers du réemploi, tels que l'association Bellastock, enseignent à présent au sein d'écoles reconnues.

U&R À plus ou moins long terme, les architectes devraient-ils arrêter de construire du neuf ?

C.L. J'espère que la réhabilitation deviendra majoritaire, dans la formation comme dans la pratique. Au sein de l'agence Aïno, nous refusons désormais de répondre à des projets de constructions neuves. Nous travaillons à 100 % sur la réhabilitation, pour limiter l'empreinte carbone et l'artificialisation des sols. L'analyse et le diagnostic de l'existant doivent être menés en amont de tout projet, pour tirer le meilleur parti du « déjà-là ». L'architecte de demain doit apprendre à prendre le temps, et il doit être rémunéré pour cela. Mais l'évolution de la formation et de la pratique doit se faire sur tous les corps de métier. Aujourd'hui, encore trop peu d'entreprises de gros œuvre sont formées à la déconstruction sélective.

A.V. Amàco accompagne les maîtrises d'œuvre et d'ouvrage sur l'identification du territoire, car le besoin est réel. Nous pensons que la prise en compte de l'existant et du local est l'avenir du métier d'architecte. Mais je ne crois pas qu'on puisse se passer de construire des logements neufs. Il n'y a pas de solution unique, chaque projet doit être contextualisé, c'est-à-dire qu'il doit correspondre aux ressources et aux besoins du territoire, à l'échelle locale •

PLACE À LA « SECONDE MAIN » AVEC LES PLATEFORMES DE RÉEMPLOI

Développer le recours à la « seconde main » pour alléger le bilan carbone de la construction et de la rénovation : c'est le pari fait par les plateformes de réemploi. Focus sur trois pionniers français de cette démarche.

Texte Christelle Granja

Opalis, un annuaire public en ligne

« 1 % seulement des matériaux du BTP est aujourd'hui réutilisé. » Ce chiffre, *« scandaleusement bas »*, Michaël Ghyoot entend bien le relever. Depuis 2012, cet architecte membre de Rotor, association pionnière en matière de réemploi, participe au répertoire des acteurs de la seconde main sur la plateforme Opalis. *« Avec nos partenaires, tels que Bellastock, nous rencontrons tous les revendeurs présentés sur le site, pour caractériser finement chaque entreprise »*, précise l'architecte. La majorité des structures recensées sont petites, voire très petites, et sont au contact direct des particuliers. Il s'agit donc d'acteurs clés dans la conscientisation de l'opinion publique. Financée par des fonds publics (régionaux, européens, institutionnels), Opalis élargit aujourd'hui son terrain d'action, d'abord bruxellois, jusqu'aux Pays-Bas, au Luxembourg et à la France. Pour Michaël Ghyoot, cet annuaire n'est qu'un outil parmi de nombreux autres; il appelle à activer un éventail de leviers juridiques, fiscaux, culturels, pour surmonter les obstacles qui pèsent encore sur le réemploi. *« Le sujet n'est plus réservé à quelques pionniers, mais il reste marginal, constate l'architecte. On imagine le futur avec plus de monde à bord. »*

Mobius veut « circulariser l'économie du BTP »

« Le bâtiment et les travaux publics sont les champions de France des déchets. » Noé Basch, ingénieur spécialisé dans le bas-carbone, ne mâche pas ses mots. Les statistiques lui donnent raison : sur les 326 mégatonnes de déchets produites chaque année en France, 224 relèvent du secteur de la construction. Alors pour tenter de faire bouger les lignes, Noé Basch lance en 2016, avec Aurélien Furet, la société Mobius, qui remet sur le marché des produits de construction issus du réemploi afin de permettre *« 90 % d'économie carbone par rapport à des matériaux neufs »*. En pratique, l'équipe de l'entreprise francilienne mène une recherche de gisements sur les opérations de déconstruction ou de démolition, et œuvre à la traçabilité des produits qu'elle vend en ligne, afin de les doter des *« mêmes garanties que le neuf »* – à la clé, une assurance décennale. Mais le développement de Mobius se heurte à un obstacle de taille : le surcoût paradoxal du réemploi par rapport au neuf. Trouver la matière, la déposer, la transporter, la reconditionner, la stocker, la décharger sont autant d'étapes qui exigent une main-d'œuvre importante, rémunérée, dans le cas de Mobius, aux standards français. En comparaison, un produit neuf, au prix actuel de la matière première et de l'énergie, sera moins onéreux. Mais Noé Basch y croit : le réemploi, généralisé jusqu'au XIXe siècle, a un grand avenir devant lui. *« L'économie du BTP est linéaire ? Alors il faut la circulariser pour des raisons environnementales. »* Avec Mobius, il ambitionne de passer à l'échelle industrielle, *« pour trouver une meilleure rentabilité »*.

Cycle Up, « Leboncoin du matériau »

« 61 111 produits à réemployer », peut-on lire sur le site de la *marketplace* de Cycle Up, structure lancée en 2017 par un mastodonte du secteur de l'ingénierie, Egis, et un poids lourd de l'immobilier, Icade. Entrepreneurs et maîtres d'œuvre peuvent y vendre leurs matériaux de déconstruction ou surplus de chantier. Les annonces, sont filtrées selon le type et l'état des produits, le prix, la situation géographique, mais aussi la période de disponibilité, ce qui permet la prise en compte des matériaux dès la conception d'un projet. Ainsi, un constructeur sait qu'il peut compter sur 120 portes en bois à récupérer dès juillet 2022 dans les Yvelines. *« Il manquait un Boncoin du matériau de construction pour les professionnels, avec des garanties de traçabilité, pour identifier l'ensemble des matériaux disponibles dans le temps »*, détaille Coline Blaison, cofondatrice et directrice de Cycle Up. À l'origine de son engagement, la volonté de stopper *« le gâchis de matière »* observé sur les chantiers. *« Sur les projets de rénovation, trop souvent, des matériaux qui auraient pu avoir une seconde vie partent en déchet, et pour la plupart en enfouissement, car le niveau de recyclage, on le sait, est peu élevé »*. Si elle concède que l'évolution de la réglementation va dans le bon sens, notamment avec le diagnostic « Produits Équipements Matériaux et Déchets » imposé à partir de 2022 dans le cadre d'opérations de rénovation et de démolition, *« le gouvernement aurait pu aller beaucoup plus loin en conditionnant l'obtention du permis de construire à sa réalisation »*, pointe Coline Blaison. Car en l'absence de contrôle, les obligations demeurent caduques ●

LA GUERRE FRUGALE

Texte Benjamin Leclercq

Pour les armées contemporaines, c'est une certitude : maintenir ne suffit pas. Malgré des coûts toujours plus importants, l'innovation technologique militaire tourne aujourd'hui à plein régime. Et demain ? La défense sera-t-elle le dernier bastion de l'innovation ?

C'est un vieux machin de 56 tonnes, hérité d'un autre siècle, celui des « années 1980 ». Conçu avant la chute du Mur, il traîne depuis trois décennies au gré des opérations – mais sans beaucoup combattre – son patronyme nostalgique et sa silhouette pataude. Un vieux briscard qui, pourtant, n'a pas dit son dernier mot : le char Leclerc, à la faveur d'un très gros chèque, va vivre dix ans de plus en bonne santé. Le gouvernement français vient en effet de mettre 1 milliard d'euros sur la table pour le MCO (maintien en condition opérationnelle) du blindé.

L'innovation « au cas où »

Et si les armées de demain, au diapason d'une époque sous pression, se mettaient elles aussi à lutter contre l'obsolescence programmée ? À faire durer l'existant plutôt qu'à le remplacer par du neuf et du « mieux » ? Tuons le suspense tout de suite : la guerre frugale n'aura pas lieu ; l'armée de seconde main non plus. La R&D militaire tourne plus que jamais à plein régime. Les grandes puissances se tirent aujourd'hui la bourre sur les missiles hypersoniques (rapides comme cinq fois la vitesse du son), planchent sur les armes à énergie dirigée (lasers, par exemple), peaufinent l'agressivité de leurs essaims de drones et arment leurs satellites. La France joue les bonnes élèves. La loi de programmation militaire 2019-2025 prévoit 1 milliard d'euros par an pour l'innovation et la modernisation (contre 730 millions auparavant). Innover, encore et toujours. Encore et... pour toujours ?

« Cette obsession pour l'innovation répond à des croyances très fortes et bien enracinées chez les concepteurs de la défense contemporaine », explique la socio-anthropologue des techniques Sophie Lefeez, chercheuse associée à l'Iris et autrice de *L'Illusion technologique dans la pensée militaire* (Nuvis, 2017). L'universitaire en identifie trois, *« largement partagées par les ministères, les officiers d'état-major et les industriels »*. Première croyance : *« La supériorité technique est nécessaire pour vaincre. »* Dès lors, arrêter d'innover, c'est être dépassé, et perdre. Deuxième croyance : *« Qui peut le plus peut le moins. »* Autrement dit, plus on est armé, plus on est en sécurité, et donc plus à même de répondre à toutes les menaces, quel que soit leur degré de complexité. Troisième croyance : *« Il faut être prêt à tout. »* C'est l'innovation « au cas où ». *« Le meilleur exemple serait l'intelligence artificielle. Les armées ne savent pas encore à quoi elle servira... mais toutes y investissent massivement. »*

La loi d'Augustine

« C'est vrai, le "technologisme" est une forme d'habitude et de conservatisme dans le monde de la défense », souligne l'ancien militaire et historien Michel Goya, ex-conseiller du chef d'état-major des armées et auteur de *S'adapter pour vaincre* (Perrin, 2019). *« Cette tendance relève, selon moi, d'une triple logique très prosaïque : une propension à la montée en gamme du côté de l'offre (les industriels) ; une volonté de défendre ses budgets du côté des armées ; et le recours, au niveau politique, à la technologie comme démonstration de puissance et de prestige, pour montrer les muscles. »*

N'AURA PAS LIEU

Pour entretenir ces croyances, les armées esquissent depuis quelques années une nouvelle stratégie : l'innovation ouverte, qui consiste à puiser (et à faire développer) les bonnes idées dans le civil. En somme, déléguer au privé la R&D. La France s'est même dotée, en 2018, d'une agence dédiée, l'Agence de l'innovation de défense (AID). Ces croyances et ces habitudes, toutefois, ont un prix : financièrement, l'innovation de défense coûte cher. Très cher. D'abord parce qu'elle augmente le coût final des équipements. Selon la fameuse loi d'Augustine (du nom d'un ancien stratège de l'US Army), chaque génération d'équipements de défense est deux à quatre fois plus chère que la précédente. *« Dans les faits, la complexité technologique croissante génère une inflation des coûts de matériel à l'achat de 7 % par an depuis cent ans »*, confirme Michel Goya.
Ensuite, l'innovation fait exploser les coûts de maintenance. *« L'efficacité des équipements modernes a un prix : l'augmentation structurelle du coût du MCO »*, note sans ambiguïté un rapport sénatorial de 2019. Exemple avec les avions de chasse : *« Le coût d'EPM* (entretien programmé des matériels, ndlr) *à l'heure de vol du Rafale est estimé trois fois supérieur à celui d'un avion de combat d'une génération antérieure, tel que le Super-Étendard modernisé ou le Mirage 2000 »*, détaille le rapport. En 2020, en France, le budget de la défense alloué à la seule maintenance atteignait ainsi 4 milliards d'euros (sur une enveloppe totale de 37 milliards).

« Conservatisme high-tech »

Innover coûte donc cher, pour un résultat… incertain. C'est l'un des grands paradoxes des décennies post-guerre froide : l'asymétrie croissante des conflits a souvent rendu caduc l'avantage technologique des grandes puissances. Certains épisodes défraient encore la chronique militaire : au Kosovo (1999), ce sont des centaines de faux chars qui anesthésient la puissance aérienne de l'Otan (78 jours de combat, 33 000 raids aériens, pour 14 « vrais » chars détruits) ; en Israël (2018), ce sont de simples cerfs-volants enflammés qui déjouent l'une des meilleures défenses antiaériennes au monde. *« Sur le terrain, les menaces rustiques démontrent les limites des stratégies high-tech »*, assure Benoît Rademacher, directeur du domaine armement et économie de défense à l'Institut de recherche stratégique de l'École militaire (Irsem). *« Une étude française a montré qu'en Irak, entre 2003 et 2006, 41 % des 3 070 morts de la coalition sont le fait d'engins explosifs improvisés. C'est plus que les combats 'classiques' (34 %). »* Michel Goya abonde : *« L'innovation militaire la plus marquante de nos adversaires contemporains ? Elle n'est pas matérielle : c'est l'attaque suicide. »*
Si l'innovation ne mène pas forcément à la victoire, faut-il dès lors continuer à innover ? *« Toutes les armées réfléchissent aux options low-tech*, confie Goya, *mais le conservatisme high-tech continue de régner. L'addiction est trop forte. »* Et l'engrenage sécuritaire de demeurer intact. *« Puisque la dialectique du glaive et du bouclier n'a pas bougé d'un iota*, résume Benoît Rademacher, *l'innovation reste et restera la routine. On le voit aujourd'hui avec les missiles hyper véloces. »*
Dans son étude « Chocs futurs », le secrétariat général de la Défense et de la Sécurité nationale listait en 2017 les sept probables ruptures technologiques et stratégiques des prochaines décennies. On y trouve la militarisation de l'espace, la cryptographie quantique ou encore un champ de bataille 3.0 peuplé de robots, de nanotechnologies et d'armes à énergie dirigée. Autant de domaines propices à l'innovation. Comme quoi, défense ne rime pas toujours avec maintenance… •

Professeure d'anthropologie à l'université de Californie, autrice notamment du livre *Le Champignon de la fin du monde, sur la possibilité de vivre dans les ruines du capitalisme* (La Découverte, 2017), Anna Lowenhaupt Tsing réconcilie sciences naturelles et humaines. Nous lui avons demandé comment sa vision de la collaboration entre espèces pouvait s'incarner dans une société de maintenance débarrassée du culte de l'innovation et qui saurait composer avec l'anthropocène.

Propos recueillis par Élisa Thévenet

« On assiste à la fin du grand récit du progrès »

USBEK & RICA **Pourquoi avoir consacré un ouvrage d'anthropologie au matsutaké, ce champignon prisé par les Japonais qui pousse dans les terrains les plus inhospitaliers de la planète ?**

ANNA TSING Les champignons m'ont toujours fascinée, la cueillette en forêt me reconnecte à ma joie de vivre. Un jour, j'ai pris un café avec l'auteur d'un ouvrage sur les champignons californiens. C'est lui qui m'a parlé du matsutaké. Il m'a raconté l'histoire de ces acheteurs dans l'Oregon, qui attendent toute la journée les cueilleurs au bord de la route. J'y suis allée pour jeter un œil et j'ai été subjuguée par ces réfugiés qui cherchaient des champignons sauvages sur un sol volcanique. La scène était si étrange… Le matsutaké est un champignon au parfum doux-amer que les Japonais associent à l'automne. Un mycologue californien l'a décrit comme la juxtaposition provocante entre un bonbon à la cannelle et des chaussettes sales *(rires)*. D'ailleurs, la première fois que j'ai essayé de le cuisiner, l'odeur était si forte que j'ai tout jeté !

U&R **Qu'est-ce qui a piqué votre regard d'anthropologue ?**

A.T. La légende raconte qu'après le bombardement de Nagasaki et d'Hiroshima en 1945, c'est le matsutaké qui a repoussé le premier. C'est un champignon célébré pour sa résilience, sa capacité à conquérir les environnements les plus ravagés. Le matsutaké préfère les terrains rocheux, fins, minéraux, comme les sols de l'Oregon. C'est un champignon qui pousse à l'automne au pied des pins. Ses racines se mêlent à celles des arbres et ils travaillent ensemble. Ils forment presque un seul organisme multi-espèce : l'arbre fournit l'hydroxyde de carbone dont se nourrit le champignon, et le champignon apporte l'eau et les nutriments qui permettent à l'arbre de se développer. Le matsutaké nous raconte les dilemmes de notre époque. Il nous parle de résilience et de collaboration.

U&R **Le matsutaké fait partie de ces organismes qui ont appris à composer avec l'anthropocène…**

« 'Futur' est un mot qui m'a toujours inquiétée, son sens est tellement mêlé à celui d'innovation... »

A.T. Absolument. D'ailleurs, de plus en plus de géologues font commencer l'anthropocène *[cette époque géologique où l'homme devient le facteur d'influence principal de l'évolution de l'écosystème terrestre, ndlr]* avec la bombe atomique et son nuage en forme de champignon, si emblématique de ses dangers et de ses rêves de grandeur. Cette bombe marque l'ère d'une modernité précipitée, dont les effets environnementaux ont été désastreux. Et en face, vous avez le matsutaké qui incarne cette survie collaborative vers laquelle nous allons devoir tendre. Aujourd'hui, nous devons vivre dans l'ombre de ce nuage atomique. La seule chose que nous pouvons faire, c'est apprendre à naviguer au milieu des ruines d'un système éculé et obnubilé par la croissance et le progrès.

U&R Au point que certains de vos lecteurs ont fait de ce petit champignon un symbole de résistance au capitalisme...

A.T. Le matsutaké montre l'hétérogénéité du capitalisme et son incapacité à tout contrôler, à tout assujettir. Quand le prix des matsutakés s'est envolé dans les années 1970 au Japon, on a financé des recherches pour tenter de le cultiver. Les chercheurs ont réussi à faire prendre le corps du champignon – ses racines –, mais ils ont été incapables de faire pousser le fruit. Le matsutaké est un organisme sauvage, il lui faut toute une série d'interactions avec d'autres espèces pour se développer. Or cette collaboration inter-espèces fonctionne mieux dans une forêt que dans un laboratoire ou une plantation. Les processus naturels échappent à l'étau du capitalisme. Pour autant, la marchandisation du matsutaké s'inscrit dans une logique capitalistique. Il est donc à la fois dans et en dehors du système.

U&R Votre livre a été interprété comme un message d'espoir, une fenêtre ouverte sur le potentiel créatif du chaos. Vous n'êtes pourtant pas une grande optimiste... En tout cas, vous ne croyez pas à la linéarité d'un progrès qui serait alimenté par des innovations en série.

A.T. Je ne crois pas à la fin heureuse que nous a vendue le XXe siècle. La modernisation ne génère pas nécessairement du bien-être pour tous. Certains lecteurs ont cru que la conclusion de mon livre était : « Finalement la créativité triomphera, et tout va se résoudre, que l'on agisse ou pas. » Cela m'a profondément surprise. On assiste à la fin du grand récit du progrès. Les promesses du capitalisme reposaient sur l'idée que l'homme pouvait maîtriser son environnement, le modeler. Le matsutaké nous rappelle simplement que les choses sont plus complexes que ça. Il nous aide à voir les entrelacements indispensables à la vie. On a mis le bazar, donc aujourd'hui, notre seule solution est d'apprendre à naviguer dans cette pagaille.

A.T. Le cinéma américain est obsédé par le fantasme de la fin du monde. Or dans les films hollywoodiens, pour survivre à l'apocalypse, vous chargez un fusil, vous prenez éventuellement un membre de votre famille sous le bras, et vous tirez. Mais il existe d'autres manières d'envisager la survie que d'abattre tout ce qui bouge. Depuis quelque temps, on assiste au retour en force d'une « conception 1950 » du futur. Les années 1950, c'est l'âge d'or de l'optimisme technologique, cette époque où l'on imaginait qu'on mettrait tous les gens importants dans une fusée pour qu'ils aillent vivre ailleurs, loin du souk qu'ils ont contribué à créer. Cette projection incarne tout ce qui ne va pas dans la théorie de la survie à coups de fusil. Les hommes sont incapables de vivre sans l'intervention d'autres organismes, ils nous permettent de digérer, créent l'oxygène que l'on respire... Mais on commence tout juste à comprendre cette dépendance inter-espèces. Nous avons besoin de nouer des alliances avec d'autres organismes si nous voulons avoir un futur, quel qu'il soit.

U&R Vous développez dans votre ouvrage le concept de « troisième nature », théorisé par l'historien William Cronon dans son essai *Chicago, métropole de la nature* (1991, trad. Philippe Blanchard, Zones Sensibles, 2020).

A.T. La « première nature » correspond à la situation écologique pré-société industrielle. La « deuxième nature » apparaît avec le capitalisme et se réfère aux modifications induites par l'homme (monoculture, déforestation, etc.) à cette période où nous nous sommes mis à considérer la nature comme une boîte de ressources. La « troisième nature » émerge dans les ruines, les fissures de la deuxième. Elle désigne ce qui parvient à survivre en dehors de l'algorithme du capitalisme. Le matsutaké en est le parfait exemple. Pour rencontrer cette troisième nature, il faut se débarrasser de nos œillères et embrasser ce que j'appelle « l'art de remarquer » (« *the art of noticing* »).

U&R Comment aiguiser ce regard ? En prenant mieux soin de ce qui nous entoure, qu'il s'agisse du vivant au sens large, mais aussi des objets et des infrastructures ?

A.T. Pour commencer, il faut arrêter de concevoir les homme en dehors de la nature. C'est très européen de les imaginer indépendamment. Le défi de notre époque est de réfléchir à toutes les problématiques sociales humaines en relation avec les espèces non humaines qui peuplent la Terre. On a besoin de relire notre histoire à l'aune de cette collaboration inter-espèces. C'est sans doute l'une des choses les plus importantes à faire si l'on veut avoir la moindre chance de faire face aux défis environnementaux qui nous attendent. Il faut réinjecter du lien entre les espèces, entre les disciplines de la recherche. Les sciences naturelles doivent apprendre à parler aux sciences humaines et inversement. On doit arrêter de segmenter la connaissance.

U&R Au-delà du vivant, l'antidote aux dérives du capitalisme ne réside-t-il pas aussi dans le souci de préserver l'existant ?

A.T. Il faut protéger ces petits espaces où une certaine forme de vie inter-espèces a des chances de perdurer. Il peut s'agir d'une haie, cela n'a pas besoin d'être un grand parc prestigieux. On doit s'accrocher à ces relations inter-espèces qui ont mis des milliers d'années à se tisser. Il y a évidemment des tas de nouvelles choses à faire, mais n'oublions pas de préserver ce qui existe encore. Depuis des années, on pense que tous les problèmes peuvent se résoudre grâce à la croissance, il faut que ça s'arrête. Le concept de destruction créatrice, forgé au début du XXe siècle par l'économiste Joseph Schumpeter, a été compris comme un blanc-seing : « On peut détruire ce qu'on veut, puisque l'innovation réparera tout. » Cela s'est révélé faux.

U&R Comment envisagez-vous le futur sans ce culte de l'innovation ?

A.T. « Futur » est un mot qui m'a toujours inquiétée, son sens est tellement mêlé à celui d'innovation... Je préfère envisager un « à venir » débarrassé de toute forme de futurisme, cet état d'esprit, cette conception esthétique et idéologique qui exclut de facto certains horizons. On doit s'affranchir de la conception très « années 1950 » du futur. On peut concevoir un avenir qui ne parle pas d'innovation, sans que la seule option envisageable soit la fin du monde. Notre meilleure chance, c'est la survie collaborative ●

L'ART DE LA RUINE

Le 14 août 2018 s'effondrait le viaduc de Gênes, en Italie, et avec lui pas mal de certitudes sur l'état des infrastructures de nos pays supposés modernes et rutilants. En France, après audit, il était ainsi évalué qu'un tiers des ponts du pays exigent des rénovations et des réparations structurelles immédiates. En Allemagne, ce ne sont pas les ouvrages d'art qui s'écroulent, mais les écoles, dont le coût de rénovation est estimé à 1,6 milliard d'euros dans la seule ville de Berlin.

Aussi impressionnants soient-ils, ces chiffres peinent à nous faire réaliser l'ampleur du phénomène. Pour y parvenir, il est utile de faire l'inventaire – ou plutôt la cartographie – de nos ruines.

Un atlas des ruines

Tout d'abord, il y a ces bâtiments qui, selon l'expression consacrée, « tombent en ruines », déjà totalement ou partiellement à terre, et devant dans les deux cas cesser de fonctionner. Fanny Lopez, dans la revue *Multitudes*, cite notamment ces *« sites de production historiques d'électricité thermique ou nucléaire, centraux téléphoniques, usines de traitement des eaux, gares, routes, viaducs et ponts... »*. Une liste qui pourrait grossir si l'on y ajoute les écoles, donc, mais aussi certaines infrastructures sportives ou même les immeubles qui, à Bordeaux, Marseille ou ailleurs, montrent d'inquiétants signes de fragilité.

Mais comme le propose Alexandre Monnin, professeur en redirection écologique et design à l'ESC Clermont Business School, il s'agit de ne pas s'arrêter aux constructions humaines délabrées et de représenter également dans cet atlas nos innombrables *« ruines ruineuses »*, terme désignant ces infrastructures toujours debout, toujours brillantes et en état de marche, mais qui précipitent notre chute en dégradant l'habitabilité du monde. Aux *« ruines ruinées »* déjà dessinées s'ajoutent donc les entrepôts Amazon, les stations-service, les *supply chains* globalisées, les usines de production de voitures et d'artefacts inutiles, les *business models* déconnectés des limites planétaires, et d'autres encore.

Enfin, cette cartographie ne serait pas complète sans y inscrire une dernière catégorie de ruines : celles non pas faites de béton et d'acier, mais d'eau, de glace, de terre ou de végétal. En effet, les ruines peuvent aussi désigner des espaces hybrides entre nature et culture – mais toujours souffrant des effets de l'anthropocène. C'est le cas, par exemple, des plantations de bananes du Honduras, abandonnées à la suite de leur infection par une maladie, et qui couvrent désormais une grande partie du pays, ou encore des icebergs déjà fondus, ruines certes disparues, mais ruines quand même.

Chateaubriand serait ravi

Révéler le territoire des ruines est une chose complexe. À l'inverse de ces programmes qui projettent ce qu'étaient les temples de Palmyre à l'époque de leur grandeur, il serait pratique de pouvoir chausser des lunettes permettant de voir

Piscines désaffectées, immeubles menaçant de s'effondrer, infrastructures toujours debout, mais mettant en péril le futur de notre espèce… Nous vivons déjà au milieu des ruines, assurent les cofondateurs du cabinet de conseil en redirection écologique sinonvirgule. Le temps semble donc venu de constituer un atlas de toutes ces ruines et de choisir la bonne tactique pour savoir ce que nous souhaitons collectivement en faire.

Texte Joseph Sournac, Lucas Deutsch et Yoan Brazy

nos ruines à venir ou disparues. Le constat serait alors implacable : qu'elles soient naturelles ou humaines, à terre ou encore debout, les ruines nous entourent ; et notre monde se fond peu à peu en un vaste terrain d'exploration de ces lieux délaissés, en un décor grandeur nature pour ces films et jeux vidéo doomistes dont nous sommes si friands, voire en une série parfaitement instagrammable de selfies pour un Chateaubriand qui aurait sans doute été ravi de vivre à notre époque pour enrichir sa collection de portraits romantiques.

Les causes de cette production continue de ruines sont bien connues : manque d'entretien, logiques court-termistes, recherche du profit financier, utilisation massive du béton, mépris des équilibres naturels du milieu, événements climatiques extrêmes, etc. Aussi, et plutôt que de se perdre dans une remise en cause – certes méritée – de nos modes de vie extractivistes et capitalistes, cet état des lieux doit surtout servir une question résolument tournée vers l'action : qu'allons-nous faire de ces ruines ?

Demain, l'objectif d'un camp scout pourra-t-il être de démonter une station-service plutôt que de reconstruire une bergerie ? Après celle organisée au Royal Monceau en 2008, participerons-nous chaque semaine à des *demolition parties* toujours plus ambitieuses ? Les collectivités se doteront-elles de compétences en Vestige Management ? Organiserons-nous des Journées du patrimoine infrastructurel afin de mieux recenser les ruines de chaque commune ? Un organisme sera-t-il mandaté pour peser régulièrement sur la « technosphère » et détruire tout ce qui dépasse un certain poids ? Bouygues Construction deviendra-t-il Bouygues Déconstruction ou Bouygues Entretien ? Un catalogue des matériaux compostables sera-t-il publié dans chaque bio-région, à l'image de celui déjà existant sur les semences officielles ? Déciderons-nous collectivement dans de Grandes Assemblées du décommissionnement des ruines à garder et de celles qu'il faut démanteler, ainsi que furent discutés les débris de la Première Guerre mondiale dans le cadre de la Commission des vestiges et souvenirs de guerre ?

Insuffisances de terrain et revue tactique

Ces questions, et les possibilités qu'elles soulèvent, révèlent que nous ne sommes aujourd'hui pas dotés des institutions, des métiers, des disciplines ou encore des rituels nécessaires à la gestion de nos ruines. Plus encore, les ruines, en devenir ou déjà existantes, restent bien souvent un impensé pour nos sociétés et leurs responsables. Elles constituent, au pire, un problème global n'appelant la responsabilité de personnes en particulier ; au mieux, un sujet lointain et circonscrit à des villes en déshérence comme Détroit. Pourtant, cet enjeu se pose déjà localement, dans des métropoles telles que Grenoble, où la ruine (au sens propre) de deux piscines municipales a laissé la mairie démunie face à la question de leur fermeture, rénovation ou réhabilitation. À travers cet exemple, on voit émerger plusieurs tactiques possibles, entre laisser-faire et interventionnisme, conservation et révolution, romantisme fétichiste et pragmatisme résolu. Ces différents clivages augurent d'autant d'options dont il est urgent de s'emparer. Alors, faut-il entretenir nos ruines ou les démanteler ? Vivre en leur sein, comme le propose l'anthropologue Anna Tsing (*voir page 38*) ? Ou tout simplement ne rien en faire ? Revue des tactiques à notre disposition ●

4 TACTIQUES POUR VIVRE DANS UN MONDE VIEILLISSANT

1 « Vivre avec » laisser les ruines à la nature

DESCRIPTION Abandon pur et simple des infrastructures : faute d'entretien et de maintenance, les ruines tombent lentement en déliquescence et sont « rendues à la nature ».
PHILOSOPHIE DE LA RUINE Romantique retour de la culture à la nature.
AVANTAGES Absence d'intervention et des coûts associés. Inscription dans un cycle dit « naturel » d'arrachement, de transformation, puis de retour des matériaux à la terre. Spectacle contemplatif d'une nature qui « reprend ses droits ».
INCONVÉNIENTS Non-respect d'une nature qui souffre de la dégradation des ruines en son sein : artificialisation des sols, pollutions résiduelles et chimiques, perturbation des habitats naturels. Impossibilité pour les écosystèmes de réingurgiter des matériaux composés d'intrications complexes entre des éléments lointains.
EXEMPLE Abandon des infrastructures sportives (stades, piscines, pistes de bobsleigh, tremplins de ski) nées des Jeux olympiques de Grenoble, Sarajevo, Rio ou encore Athènes.

Romantisme ●●●●
Habitabilité du monde ●○○○
Interventionnisme ○○○○
Statu quo social ●●●○

2 « Mourir avec » maintenir quoi qu'il en coûte

DESCRIPTION Entretien intensif : les infrastructures restent en état de marche, et leur durée de vie est prolongée afin qu'elles ne passent jamais à l'état de ruines.
PHILOSOPHIE DE LA RUINE État d'anomalie qu'il convient d'éviter.
AVANTAGES Maintien des infrastructures et des débouchés qui en dépendent (notamment les emplois). Statu quo conservateur permettant de préserver nos modes de vie, de production ou d'organisation sociale.
INCONVÉNIENTS Coût exorbitant (10 % du PIB national américain pour conserver en état le réseau routier des États-Unis). Impossibilité technique de certaines maintenances (centrales nucléaires). Entretien d'un système ruineux ayant engendré le dépassement des limites planétaires et dégradant l'habitabilité de la planète.
EXEMPLE Remplacement du parc nucléaire français, à l'image de la tradition japonaise consistant à bâtir une copie d'un temple avant de détruire l'original, et ce, tous les vingt ans.

Romantisme ●●●○
Habitabilité du monde ○○○○
Interventionnisme ●●●●
Statu quo social ●●●●

3 «Vivre sans» ruiner les ruines

DESCRIPTION Décommissionnement des infrastructures : les « ruines ruineuses » sont mises à l'arrêt (et deviennent donc des « ruines ruinées ») avant qu'elles ne dégradent davantage l'habitabilité de la planète.

PHILOSOPHIE DE LA RUINE « Ruine ruinée » : état souhaitable, car improductif.

AVANTAGES Promesse d'un atterrissage de nos sociétés au sein des limites planétaires. Place nette : démantèlement physique de l'infrastructure concernée, qui doit être fermée, désossée, puis « enlevée » de son milieu.

INCONVÉNIENTS L'approche « ruiner les ruines » suppose : une ingénierie de la fermeture prenant soin des héritages de la ruine (notamment des emplois) ; une prise de responsabilité par les acteurs publics, privés et/ou les communautés locales ; un travail de mémoire complémentaire pour garder une trace de nos excès.

EXEMPLE Fermeture de certaines stations de ski de basse et moyenne altitude, abandonnées faute de neige (dans les Vosges et en Haute-Savoie), et démontage des remontées mécaniques.

Romantisme ○○○○
Habitabilité du monde ●●●●
Interventionnisme ●●●●
Statu quo social ●●○○

4 «Vivre dans» habiter les ruines

DESCRIPTION (Sur)vie au milieu des infrastructures ruinées : les communautés humaines apprennent à habiter les ruines en découvrant de nouveaux modes de vie, de production ou d'organisation sociale.

PHILOSOPHIE DE LA RUINE Trajectoire globale et apparemment inévitable du monde.

AVANTAGES Pragmatisme prenant acte de l'envahissement du monde par les ruines que nous produisons. Création de mécanismes de survie collective et d'alliances imprévues indépendants des intérêts des acteurs publics et privés.

INCONVÉNIENTS Forme de résignation pouvant être comprise comme un appel à la résilience. Concentration des « efforts à l'adaptation » à une situation non souhaitable plutôt qu'à son évitement. Absence de réponse coordonnée.

EXEMPLE Collaborations humains/non-humains dans les décharges à ciel ouvert de Kampala, en Ouganda : en se nourrissant des déchets organiques, des oiseaux sédentarisés révèlent le métal et facilitent la tâche de celles et ceux qui travaillent dans ces décharges.

Romantisme ●●○○
Habitabilité du monde ●●●○
Interventionnisme ●○○○
Statu quo social ○○○○

LA MAINTENANCE REND-ELLE FORÇÉMENT RÉAC ?

Où placer la notion de maintenance sur l'échiquier politique ? À gauche, puisqu'elle semble écologiquement vertueuse ? Ou bien à droite, du fait d'une logique conservatrice visant avant tout à maintenir l'existant sans chercher à tout réinventer ?

Texte Laurent-David Samama

Offrir une seconde vie à ses objets vertueux, voire prolonger indéfiniment leur existence au-delà de la nôtre : sur le papier, difficile d'afficher ambition plus vertueuse sur le plan écologique. Pourtant, cela fait belle lurette que l'idée de maintenir un *statu quo* technique apparaît comme le marqueur d'un certain conservatisme – la figure de l'Amish refusant le confort technologique moderne en est l'incarnation ultime, bien pratique à manipuler, à l'occasion, à des fins politiques.

À l'instar de l'agriculture biologique, du *made in France* et plus largement de l'écologie, voilà que la maintenance devient un objet éminemment politique. Alors nous avons commencé par interroger plusieurs responsables... politiques. Si tous s'accordent sur le fait qu'il *« vaut mieux lutter contre l'obsolescence programmée »*, aucun parti n'articule à ce jour de véritable pensée, ni de propositions concrètes, pour faire de la maintenance le cœur d'une vision stratégique permettant de répondre aux enjeux de l'anthropocène. Ainsi, avant de pouvoir être repris, le concept souffrirait d'abord d'être largement impensé par la classe politique française. C'est si vrai qu'en off, certains responsables confessent que le sujet serait « trop ardu » pour une opinion publique *« pas encore en mesure de comprendre tout l'intérêt de la notion »*. Rendez-vous dans dix ou vingt ans pour voir si c'est toujours le cas...

« Simplifier, simplifier ! »

En matière de philosophie politique, en revanche, la maintenance n'a rien d'une idée neuve. Là où l'innovation est définie, de façon souvent caricaturale, comme une forme de « nouveauté disruptive », la maintenance se présente, au contraire, comme « une volonté de préserver l'existant ». Deux salles, deux ambiances... *« Évidemment, le premier élan pousse à évoquer les philosophes qui se sont exercés à prôner la maintenance dans la sphère environnementale »*, estime la philosophe Marie Robert, , qui a notamment publié *Descartes pour les jours de doute* (Flammarion, Versilio, 2019) et *Le Voyage de Pénélope* (Flammarion-Versilio, 2020). *« En partant vivre dans sa cabane au bord du lac Walden, il montre que la maintenance peut être un mode d'existence. Il expérimente son mot d'ordre : "Simplifier, simplifier !" Thoreau était convaincu qu'il fallait rendre nos vies plus frugales, plus sobres. Selon lui, se promener dans la nature doit suffire à nous rendre heureux et la réparation apparaît comme un prérequis puisqu'il est certain que nous avons déjà tout... et que ce tout, nous devons en prendre soin ! »*

Rétrospectivement, on pourrait classer nombre de philosophes et de théories dans la grande famille de la maintenance. Ainsi de Hans Jonas et de son célèbre « principe responsabilité » à l'égard des générations futures. *« Maintenir, c'est aussi entretenir suffisamment pour léguer quelque chose de viable »*, observe Marie Robert, qui propose d'inclure dans la « team maintenance » les philosophies de l'éducation : *« John Dewey, par exemple, incite les professeurs, au lieu d'inventer des exercices déconnectés, à faire travailler les enfants sur la vie telle qu'elle se montre sous nos yeux. Dans son école, les enfants apprenaient à coudre, bricoler et cuisiner. L'idée n'était pas du tout de favoriser l'innovation mais d'avoir la possibilité d'expérimenter le présent. »*

Ni de droite ni de gauche ?

C'est entendu, la notion de maintenance transcende philosophiquement la représentation simpliste d'infrastructures qu'il s'agirait d'entretenir dans le temps. Mais quelle est sa couleur politique ? Pour le journaliste Hubert Guillaud, qui a beaucoup travaillé sur les notions d'innovation et de culture technologique, la réponse n'a rien d'évident. Cependant, un faisceau d'indices permet selon lui d'y voir plus clair : *« Comme le montre son déclassement depuis les années 1970 et 1980, la maintenance n'est pas un projet néolibéral. Le second constat qu'on peut faire, qui remonte des acteurs défendant la maintenance sur le terrain, c'est que la maintenance n'est ni de droite ni de gauche. »* Selon Hubert Guillaud, l'innovation est devenue au cours des dernières années un substitut sémantique et idéologique au progrès, *« en oubliant au passage l'importance de la politique pour créer les réformes structurelles permettant de s'assurer que l'innovation conduit bien au progrès social »*. Le journaliste ne manque pas de rappeler que *« depuis les années 1970, et plus encore depuis les années 1990, les inégalités ont progressé : dans l'affolement de l'innovation, le progrès social n'a plus été aussi bien partagé. Les technologies de nos sociétés sont devenues des technologies de distraction, et l'innovation pas plus que la justice n'ont fait progresser le cœur technique de nos sociétés, à savoir son réseau infrastructurel qui produit et achemine l'électricité, l'assainissement de l'eau, la construction, les transports, la logistique…* ». Et Hubert Guillaud de trancher : *« La maintenance a été l'une des victimes de la crise des années 1970. »*

La maintenance serait-elle plutôt de gauche ? On a posé la question à Andrew Russell, professeur d'histoire au SUNY Polytechnic Institute et coauteur avec l'universitaire Lee Vinsel de *The Innovation Delusion* (Currency, 2020), un livre dans lequel les deux hommes vantent les mérites des *maintainers* et dénoncent les impasses de la course à l'innovation. *« Étymologiquement, le terme "maintenir" est étroitement lié aux notions de conservation et de préservation, qui revêtent une résonance évidente avec les idéaux politiques du mouvement conservateur*, reconnaît Andrew Russell. *Dans un sens matériel, il est ici question de préserver les structures et les infrastructures produites par les générations passées. Et dans un sens plus culturel, on peut entendre par là la préservation de pratiques traditionnelles, de coutumes. Par ailleurs, certains des plus ardents défenseurs de la maintenance que nous présentons dans notre livre, à l'image de Charles Marohn de l'organisation Strong Towns, se rapprochent d'une droite libertarienne influente aux États-Unis. »* Loin d'être une idée « libérale » ou « progressiste », la maintenance apparaît ainsi, dans le contexte américain, comme une notion revendiquée par des voix conservatrices : *« Le parti républicain capte cette notion plus que le parti démocrate »*, confirme Andrew Russell. Les démocrates, eux, paraissent plus enclins à embrasser la culture de l'innovation chère à la Silicon Valley.

De Cuba à Netflix

Au-delà de sa compatibilité avec les enjeux écologiques de ce siècle, la maintenance ne serait-elle alors qu'un idéal conservateur ? Pas pour Hubert Guillaud : *« On pourrait croire qu'elle a une composante réactionnaire et passéiste, conservatrice même, puisqu'elle vise à faire durer ce qui préexiste. Mais c'est mal comprendre ce mouvement que de le réduire à cette vision, même s'il semble très peu homogène politiquement*, insiste le journaliste. *La maintenance n'est pas tant passéiste que pragmatique : elle propose avant tout une politique des petits pas, de l'évolution incrémentale, de l'adaptation continue, progressive, soucieuse de ses effets. Les promoteurs de la maintenance ne sont pas des gens opposés au changement, ils souhaitent surtout qu'on puisse mesurer les effets de ces changements, que ceux-ci restent réversibles, mesurés, progressifs, qu'ils démontrent leurs promesses. »*

Andrew Russell partage-t-il ce constat ? Pour pousser l'universitaire américain dans ses retranchements, nous lui avons cité le cas de Cuba : ne s'agit-il pas là du meilleur exemple de la façon dont une certaine gauche a pu s'emparer de la maintenance et (sur)vivre longtemps grâce à la mise en pratique de cet idéal ? *« Les accomplissements du peuple cubain sont un merveilleux exemple de l'état d'esprit qu'exige la maintenance*, confirme Andrew Russell. *De la même façon, cette notion a été historiquement mise en pratique partout dans le monde par les classes les plus défavorisées, celles-là mêmes qui n'avaient pas un accès direct aux gratifications qui ont fleuri dans le cadre de la société de consommation. »* Pour autant, insiste l'universitaire américain, l'histoire de la maintenance demeure étroitement liée à celle du capitalisme : *« Les compagnies de chemin de fer, pour ne citer qu'elles, savent pertinemment qu'elles doivent entretenir leurs réseaux pour réduire les risques d'accident. Alors elles maintiennent. Cette idée s'est appliquée tout au long du XXe siècle et continue de s'appliquer aujourd'hui, et elle vaut pour le secteur aéronautique comme pour Netflix. Mais pour des raisons qui demeurent inexplicables, ces entreprises ne communiquent pas ou peu sur leurs efforts en matière de maintenance, alors même qu'elles reconnaissent que celle-ci est fondamentale. »*

Alors, de droite ou de gauche la maintenance ? Le dernier mot est à la philosophe Marie Robert, qui propose de dépasser une telle opposition binaire : *« Maintenance et innovation peuvent cohabiter : nous ne sommes pas obligés d'être ultra réacs ou d'être des progressistes déracinés. C'est justement en oscillant entre les deux notions que nos civilisations ont survécu. À nous de nous en souvenir… »* •

À L'ÂGE DE LA MAINTENANCE, L'INNOVATION DE RUPTURE EST-ELLE ENCORE POSSIBLE ?

Quel est l'état de la science en matière de fusion nucléaire, d'édition du génome et de calcul quantique ? Et parmi ces trois champs de recherche particulièrement prometteurs, lequel est le plus apte à déboucher d'ici la fin du XXIe siècle sur des innovations susceptibles de bouleverser la façon dont nous vivons ?

Texte Pablo Maillé

Invention de la pile électrique (1800), découverte du pétrole (1859), création de la photographie (1839) et du premier téléphone (1876), naissance de l'IRM (1938)… Malgré leur lot de controverses et de conflits, les deux derniers siècles sont largement considérés comme ceux des « grandes inventions ». Quid du XXIe siècle et de l'*« inquiétude réflexive »* profonde qui le caractérise, pour reprendre l'expression des historiens Emmanuel Fureix et François Jarrige ? Dans un contexte où l'urgence

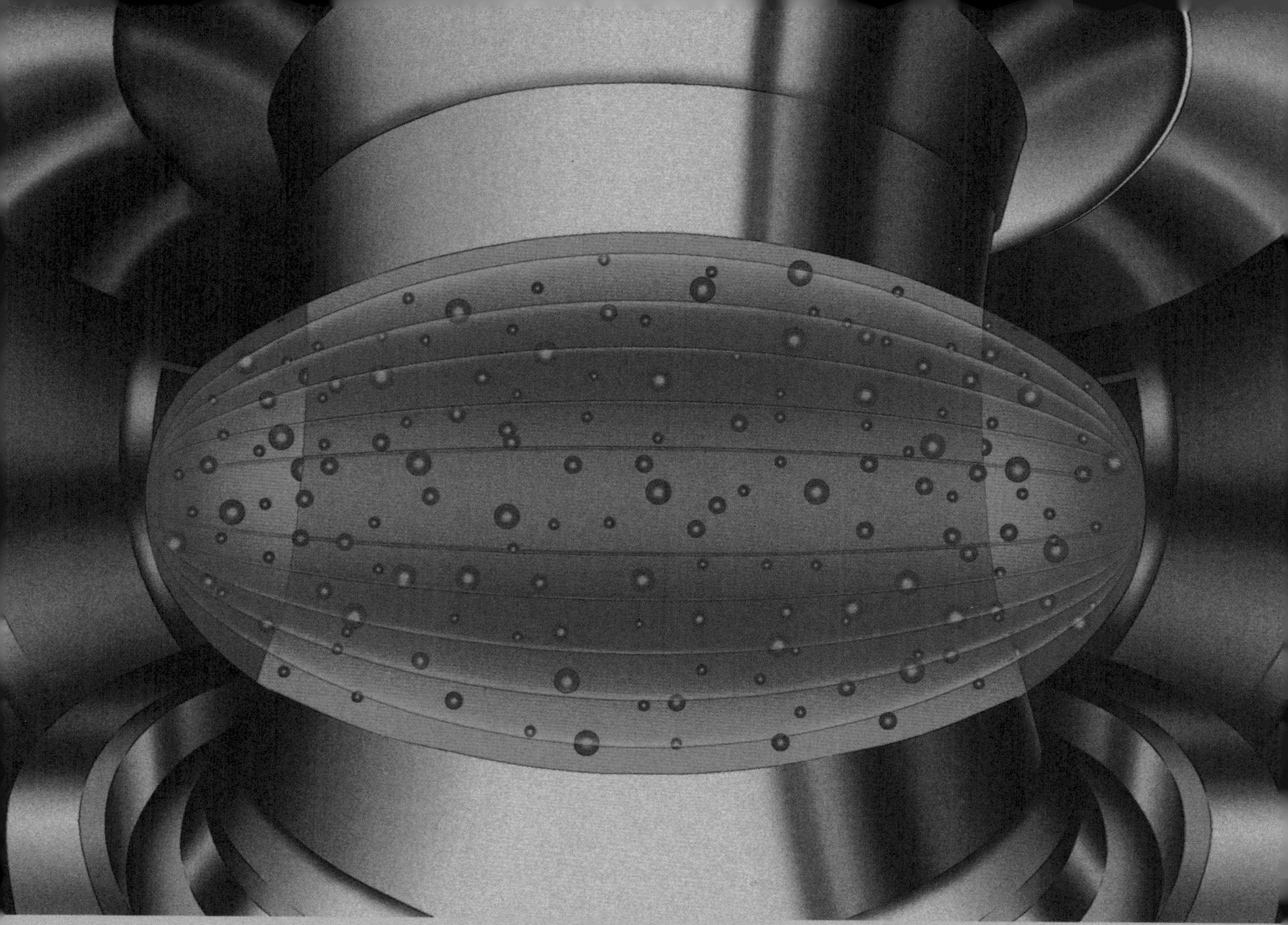

climatique, la raréfaction des ressources naturelles et la méfiance vis-à-vis de projets scientifiques jugés « trop risqués » ou « inutiles » deviennent des sujets de premier plan, quelle place accorder au progrès scientifique ? Surtout, si la maintenance devient un enjeu de société prioritaire, quelle place doit être attribuée à l'innovation ? Pour le savoir, nous avons exploré trois champs de la recherche susceptibles de déboucher, au cours des prochaines décennies, sur des innovations de rupture.

1. La fusion nucléaire

L'état de la science

Créer un mini-Soleil en laboratoire. Voilà comment le projet de la fusion nucléaire pourrait être résumé. Plutôt que de projeter un neutron sur un atome lourd instable pour produire deux atomes plus légers et une réaction en chaîne (comme c'est le cas avec la fission classique, utilisée aujourd'hui dans les centrales nucléaires), la fusion consiste à faire s'assembler les noyaux de deux atomes d'hydrogène (le deutérium et le tritium) afin de former un seul noyau (d'hélium), ainsi qu'un neutron. Il en résulte une forte quantité d'énergie. La bonne nouvelle, c'est que le deutérium est naturellement présent en abondance dans l'eau de mer, et que le tritium peut être produit dans le réacteur par la réaction du neutron de fusion avec du lithium... et récupéré par les scientifiques, pour l'alimenter à nouveau. Des réserves de combustibles estimées en dizaines – voire centaines – de milliers d'années. Sauf qu'en pratique l'opération est très complexe à mettre en œuvre : à l'image des étoiles dont elle émane, la fusion requiert des conditions extrêmes, dont une température supérieure à 150 millions de degrés. Pour y arriver, deux techniques principales sont envisagées. Soit celle de la fusion par « confinement inertiel », qui consiste à concentrer des faisceaux laser sur une bille de combustible afin de la chauffer et de la comprimer jusqu'à ce que le combustible entre en fusion. Soit la fusion par « confinement magnétique » (ou tokamak), qui consiste à maintenir le combustible à l'état de plasma, à travers de puissants champs magnétiques ayant la forme d'un anneau. « *L'énergie de la réaction, principalement portée par les neutrons, est alors absorbée par les parois et convertie en électricité de manière continue* », détaille Yves Martin, adjoint du directeur au sein du Swiss Plasma Center de Lausanne.

Les avancées attendues

Créé en 2007, le projet européen ITER (Réacteur thermonucléaire expérimental international) prévoit de générer d'ici à décembre 2025 le « *premier plasma* » de sa machine. Un délai « *exigeant mais techniquement réalisable* », selon les protagonistes du projet. L'étape est en tout cas cruciale, car le plasma fournit l'environnement dans lequel les fameux éléments légers peuvent fusionner et générer de l'énergie. Une première démonstration de la fusion pourrait ensuite avoir lieu à partir de 2035, pour une exploitation sur le réseau électrique européen... « *pas avant la fin des années 2050* ».
Mêmes prédictions à l'étranger, où les programmes STEP (Angleterre) ou CFETR (Chine) prédisent que des réacteurs commercialisables n'arriveront sur le marché que dans la seconde moitié du siècle.

Le débat

Impossible d'imaginer, en tout cas, que la fusion arrive « *à temps* » pour prendre part à la nécessaire transition énergétique mondiale. Pis : elle pourrait justement constituer un gouffre énergivore. C'est l'argument avancé par le journaliste scientifique Steven B. Krivit, fermement opposé au développement de la fusion. Selon ses calculs, le projet européen ITER consommerait 300 MW d'électricité pour finalement produire 500 MW d'énergie thermique, hypothétiquement convertibles en « seulement » 200 MW d'énergie électrique. Dit autrement, ITER pourrait bien ne produire aucune énergie électrique nette. Objection réfutée par le site de Saint-Paul-lès-Durance, qui continue d'affirmer qu'ITER « *a été conçu pour produire 500 MW d'énergie* [...] *à partir d'un apport externe de 50 MW, c'est-à-dire pour générer dix fois plus de puissance qu'il n'en aura reçu* ». Sans compter « *les pertes en tritium, dont les rejets dans l'environnement sont hautement toxiques ; l'activation par les neutrons, qui produit d'importants volumes de déchets radioactifs ; ou encore les besoins en eau de refroidissement, qui, dans un contexte de raréfaction de l'eau douce dans le monde entier, rendent très aléatoire le déploiement futur de réacteurs de fusion industriels* », ajoute la journaliste Isabelle Bourboulon dans son livre *Soleil trompeur, ITER ou le fantasme de l'énergie illimitée* (Les Petits Matins, 2020).
Dans un tel contexte, faut-il vraiment concentrer les efforts de la recherche sur la fusion ? Certaines ONG, comme Greenpeace, estiment que ce serait une erreur, évoquant un « *mirage scientifique* » autant qu'un « *gouffre financier* ». Pas de quoi refroidir l'enthousiasme d'Yves Martin, du Swiss Plasma Center de Lausanne, qui estime que « *les avantages et le potentiel de cette énergie sont tels qu'on ne pourra pas s'en passer* ».

2. Le système CRISPR

L'état de la science

Malgré son acronyme un brin alambiqué, la technique CRISPR-Cas9 n'en finit plus de faire parler d'elle. La Française Emmanuelle Charpentier et l'Américaine Jennifer Doudna ont d'ailleurs reçu en 2020 le prix Nobel de chimie pour leur découverte commune, qui avait officiellement abouti en 2012.
Sur le papier, le principe de cet outil n'est pas très compliqué à comprendre : il s'agit de modifier n'importe quel fragment d'ADN en altérant sa séquence. Dans le détail, le processus repose sur l'association d'un ARN dit « guide » à l'enzyme Cas9 qui permet de découper des doubles hélices d'ADN. L'ARN guide alors la protéine Cas9 jusqu'à l'emplacement exact du brin d'ADN qu'elle découpe soigneusement. « *Ensuite, la cellule cherche automatiquement à réparer la coupure mais elle n'y arrive pas systématiquement. C'est ainsi qu'on peut par exemple inactiver un gène cible. Il est aussi possible d'exploiter le système de réparation de la cellule pour éventuellement introduire de nouveaux gènes, cette fois-ci en ajoutant une séquence d'ADN donneur lors de l'introduction de CRISPR-Cas9 dans la cellule* », expose Aline Marnef, chercheuse au CNRS au sein du Centre de biologie intégrative (CBI) à Toulouse.
Plus concrètement, cet outil peut être utilisé dans de nombreuses situations, sur des cellules et des organismes variés. Par exemple, des scientifiques

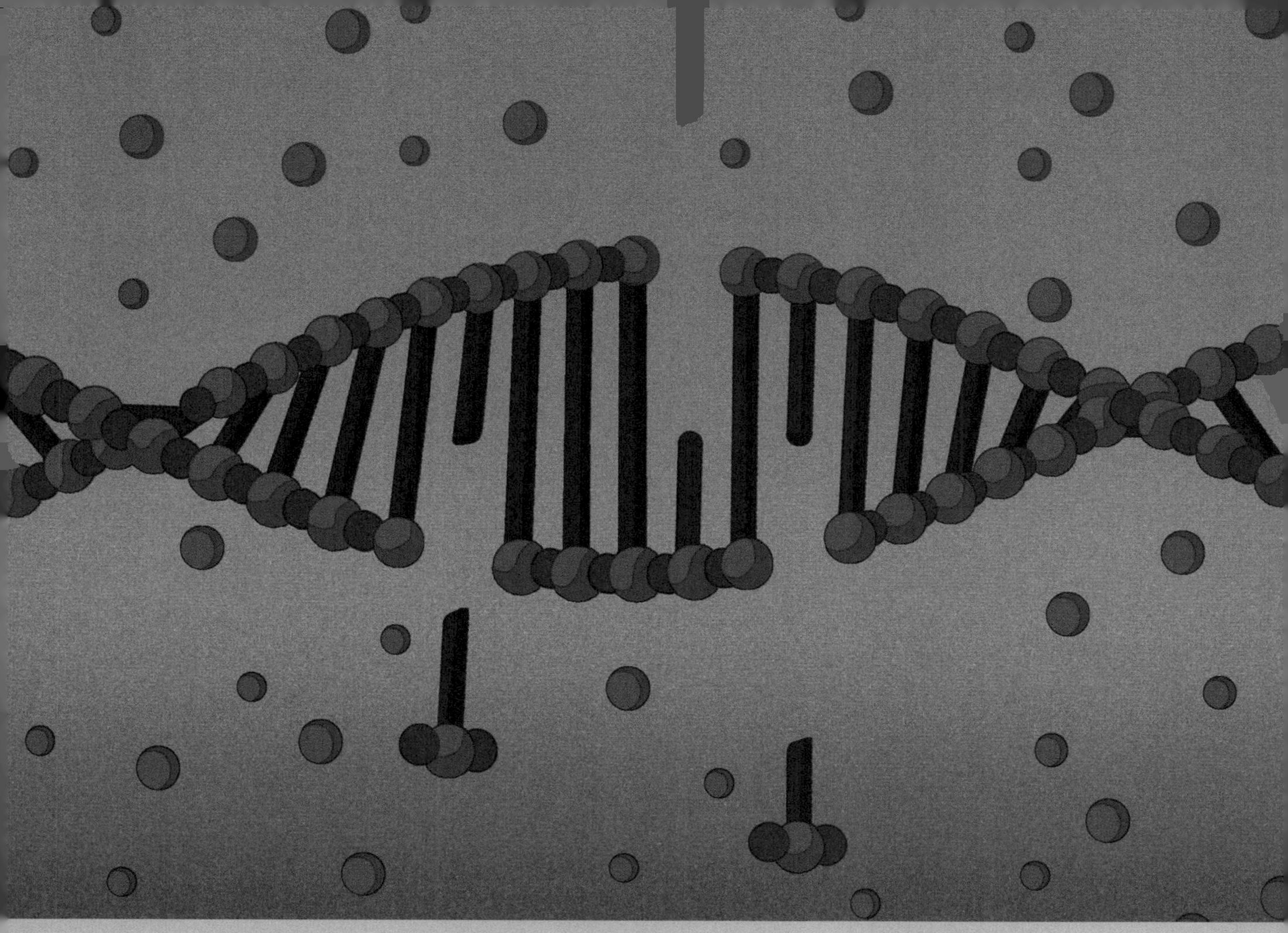

s'emploient déjà à l'utiliser sur des modèles animaux pour étudier des maladies génétiques comme la myopathie de Duchenne, en modifiant certaines cellules de rongeurs afin que ceux-ci expriment le gène en question.

Les avancées attendues

Ces dernières années, c'est du côté de l'application humaine de cette technique que l'attention des médias s'est concentrée. Souvenez-vous : en novembre 2018, le scientifique chinois He Jiankui annonçait en grande pompe la naissance de Lulu et Nana, des jumelles dont le génome avait été modifié grâce à CRISPR-Cas9, une première mondiale. Quelques gros titres et une unanime condamnation internationale plus tard, l'intéressé fut finalement condamné à trois ans de prison ferme et 380 000 euros d'amende pour pratique illégale de la médecine. Sa ligne de défense, consistant à affirmer que sa manipulation visait à conférer une résistance génétique des bébés vis-à-vis du VIH (auquel le père de la famille était positif), n'a pas suffi. Rien n'indique d'ailleurs que l'opération ait complètement réussi (des mutations inédites pour lesquelles les effets sont encore inconnus ont été relevées), mais rien n'empêche non plus qu'une nouvelle expérimentation secrète voie le jour dans les prochaines années.

D'autres applications futures de CRISPR-Cas9 sont également envisagées. En matière de précision génétique, l'outil d'édition pourrait bientôt être capable de s'attaquer à l'ensemble du spectre des maladies les plus répandues. Alors que jusqu'à récemment les modifications génétiques les plus lourdes étaient considérées comme les plus complexes, à force d'améliorations, les scientifiques espèrent un jour pouvoir disposer de l'outil d'édition « ultime » permettant de modifier n'importe quel fragment d'ADN à n'importe quel endroit de l'organisme. Pour l'heure, la méthode peut par exemple être utilisée pour rendre des plantations comme la banane Cavendish plus résistantes à dif-

férentes maladies dévastatrices, ou encore pour que certaines plantes soient moins gourmandes en eau. Autre exemple d'actualité : à l'été 2021, des chercheurs sont parvenus à empêcher en laboratoire la réplication du SARS-CoV-2 dans des cellules humaines grâce à CRISPR, ce qui pourrait ouvrir la porte à de nouveaux traitements contre le Covid-19.

Le débat

S'agissant du débat autour de l'édition du génome humain, pour l'heure, la majorité de la communauté scientifique freine des deux pieds. Les appels à moratoire sur les modifications d'embryons humains se multiplient. En septembre 2020, un rapport conjoint des Académies américaines de sciences et de médecine, que de la Royal Society anglaise assurait ainsi que *« la modification du génome transmissible à la descendance n'est pas encore prête à être testée de façon sûre et efficace chez l'humain »*.

Faut-il pour autant se résoudre à freiner les avancées de la recherche au motif de leurs (éventuelles) exploitations controversées ? Pas nécessairement, défendent les plus passionnés. Pour certains scientifiques, il convient tout simplement de distinguer le champ de la recherche appliquée de celui de la recherche fondamentale. *« Toutes les avancées scientifiques peuvent être bénéfiques dans certains cas et destructrices dans d'autres*, relève Aline Marnef en prenant l'exemple du rôle (involontaire) joué par Albert Einstein dans le développement des armes nucléaires. *La recherche fondamentale devrait être isolée et autonome vis-à-vis des débats qui se posent au sein de la société puisque dans ce champ de recherche, par définition, on ne sait jamais ce qu'on va découvrir. On cherche, on pose des questions, on diverge vers quelque chose qu'on ne connaît pas... La plupart des découvertes en recherche fondamentale découlent de cette relative liberté. C'est donc plutôt à la recherche appliquée de s'interroger sur les outils qui doivent découler, ou non, de ces découvertes. »* Mais en sera-t-elle capable ?

3. Le calcul quantique

L'état de la science

Comme nous l'expliquait sur notre site en juin 2021 Julien Bobroff, professeur à l'université Paris-Saclay, au début du XXe siècle, *« la première révolution quantique a permis de comprendre que le monde à petite échelle obéissait à un certain nombre de lois quantiques »*. Ces lois ont ensuite été utilisées pour inventer de nouveaux matériaux et de nouvelles technologies, comme le laser, l'IRM ou les LED.

La « seconde révolution quantique » actuellement en cours, elle, consiste à manipuler des éléments individuels : un seul atome, un seul grain de lumière, un seul électron, etc. Avec, à la clé, un champ d'application particulièrement prometteur : celui de l'informatique quantique. *« Cette fois, il s'agit d'inventer des ordinateurs d'un nouveau genre, qui soient capables d'effectuer certains calculs qu'on ne sait pas faire avec les ordinateurs actuels*, résume Julien Bobroff. *L'ordinateur quantique fonctionne toujours sur la base d'un algorithme, comme sur les ordinateurs habituels, mais il passe par un programme d'un genre nouveau, qui permet de résoudre certains problèmes qu'on ne sait pas résoudre avec des ordinateurs normaux : trier plus vite, tester plusieurs solutions simultanément et choisir la meilleure, faire des simulations quantiques… »* En clair, l'ordinateur quantique peut théoriquement simuler l'état même de la matière et son comportement. Et donc, potentiellement, inventer de nouvelles molécules ou de nouveaux matériaux.

Les avancées attendues

Les perspectives très prometteuses évoquées plus haut poussent certains à évoquer le stade tant espéré de « l'avancée quantique ». Soit le jour où un ordinateur quantique sera capable d'atteindre une puissance de calcul astronomique, sans commune mesure avec ce que nous connaissons aujourd'hui. Alors que les ordinateurs classiques stockent et traitent des informations avec des bits (les fameux 0 ou 1), les ordinateurs quantiques fonctionnent avec des bits quantiques, ou qubits, qui peuvent être 0 et 1 simultanément grâce à un phénomène de superposition. Finance, produits pharmaceutiques, prévisions météorologiques, simulation moléculaire… Les répercussions envisagées sont nombreuses, car les secteurs où les avancées butent sur la complexité de certains calculs ne manquent pas. On pense notamment aux nouvelles possibilités offertes par l'informatique quantique en matière de chimie, avec la découverte potentielle de nouveaux médicaments. En 2013, le chercheur du MIT Seth Lloyd allait jusqu'à postuler qu'un ordinateur quantique à 300 qubits pourrait aussi suffire à établir *« une cartographie de l'univers – toute l'information qui a existé depuis le Big Bang »*. Le premier géant américain à avoir osé parler de « suprématie quantique » fut finalement Google, en octobre 2019. Avec son processeur Sycamore à 53 qubits, l'entreprise revendiquait alors avoir *« effectué un calcul en 200 secondes, qui prendrait 10 000 ans avec le supercalculateur le plus rapide du monde »*.

Le débat

Seul obstacle à toutes ces promesses : il est fort probable qu'un ordinateur quantique véritablement « utile » reste pour toujours un mirage. Le plafond des « 100 qubits » n'ayant toujours pas été franchi, aujourd'hui, *« les meilleurs ordinateurs quantiques au monde ne savent rien faire d'intéressant, ou en tout cas rien de plus que ce dont serait capable un ordinateur normal »*, rappelle Julien Bobroff. En cause, une grande instabilité des qubits liée au fait que ceux-ci sont *« très influençables par le moindre élément extérieur »*, ce qui rend leur manipulation particulièrement délicate. La moindre variation de champ magnétique, de température ou de vibration suffit ainsi à faire perdre aux qubits leurs propriétés quantiques – phénomène connu sous le nom de « décohérence ».

Comme le remarque le magazine spécialisé *New Scientist*, à l'heure actuelle, dans un ordinateur quantique classique, la plupart des qubits ne servent donc pas à effectuer le calcul principal, mais à corriger les erreurs de ce dernier, qui reste encore délégué aux algorithmes traditionnels. Continuer à investir dans un champ de recherche dont l'utilité n'est pas exclue… mais reste à prouver : voilà la condition *sine qua non* à laquelle la société de demain devra consentir si elle souhaite poursuivre l'aventure quantique ●

Et si, en 1983,
MAINTE-

Bowie avait chanté -NANCE ?

Et si, en 1983, au lieu de chanter son tube « Let's Dance », David Bowie s'était plutôt déhanché sur « Mainte-nance », une ode à la réparation ? Et si le virage néolibéral des années 1980 avait tourné court et nous avait précipités dans l'âge de la maintenance ? C'est le scénario dans lequel vous plonge cette uchronie.

Texte Sébastien Marchand

Ce qui s'est vraiment passé

En avril 1983, David Bowie est déjà une immense star du rock lorsqu'il sort l'album *Let's Dance*, son quinzième depuis ses débuts à la fin des années 1960. Il continuera sa prolifique carrière musicale jusqu'en 2013. S'il ne s'est jamais mêlé de politique, il fut un homme d'affaires technophile au nez creux, allant même jusqu'à fonder son propre fournisseur d'accès à Internet (BowieNet) et sa banque en ligne (BowieBanc).

Ziggy Stardust, extraterrestre « techno-béat »

Après des débuts musicaux relativement anonymes, David Bowie connaît un premier succès à 22 ans, en 1969, avec *Space Oddity*. L'album est propulsé en haut des *charts* britanniques. Les mauvaises langues diront que cette réussite est due au décollage de la mission Apollo 11, quelques jours plus tard. Quoi qu'il en soit, la carrière de Bowie est lancée.

C'est en février 1972 que Ziggy Stardust, alter ego scénique de David Bowie, apparaît pour la première fois. Pendant deux ans, le chanteur incarne cet extraterrestre devenu icône du rock. Conquête de l'espace, science-fiction, technologies révolutionnaires... Ziggy est un condensé des obsessions de l'époque et de la technophilie de Bowie, qui lit beaucoup de romans d'anticipation et suit de près les progrès technologiques en cours dans la Silicon Valley. À tel point qu'il est l'un des premiers utilisateurs d'Arpanet, l'ancêtre d'Internet, né en 1969.

Mais une lecture va tout changer. En 1974, Bowie tombe sur *When Harlie Was One*, un roman de SF publié par un jeune auteur américain, David Gerrold. L'ouvrage campe l'histoire d'un psychologue à qui l'on confie la tâche d'élever l'intelligence artificielle Harlie. Gerrold est l'un des premiers à employer le mot « virus » pour décrire un programme informatique malfaisant. Cette vision de l'avenir, couplée aux lectures technocritiques de Bowie (notamment les écrits d'Ivan Illich, le prêtre devenu philosophe), met un terme à la parenthèse Ziggy Stardust, que Bowie finit par renier en le jugeant, dans une interview accordée au *Melody Maker* en mai 1975, « *dangereusement techno-béat* ».

« Mainte-nance », chant de ralliement ouvrier

Pendant huit ans, David Bowie se terre dans le silence et disparaît des radars musicaux. Cultivant son technoscepticisme depuis sa natale Albion, il assiste à la nomination de Margaret Thatcher en 1979 comme *Prime Minister*, puis à l'élection de Ronald Reagan comme président des États-Unis en novembre 1980, dix ans précisément après la sortie de son troisième album, *The Man Who Sold the World*. L'ironie est toute trouvée : ces deux-là vont effectivement s'en donner à cœur joie pour « vendre le monde », à grands coups de privatisations, de casse sociale et de néolibéralisme sauvage. D'un côté de l'Atlantique, on casse le droit du travail pour diminuer l'influence des syndicats ouvriers ; de l'autre, on affirme que « *le gouvernement n'est pas la solution à nos problèmes; le gouvernement est le problème* ».

En 1983, c'en est trop pour le gamin de Brixton ! Dans tous ses états, Bowie écrit et enregistre un nouvel album en une seule nuit. Au mois d'avril, *Mainte-nance* sort, signant le retour du roi Bowie sur le devant de la scène musicale. Dans le *single* éponyme, Bowie chante son amour pour la réparation des objets et la maintenance des grandes infrastructures du pays. Il se lève contre la société de consommation et du tout-jetable. Dans le deuxième couplet, il s'oppose ouvertement aux Beatles, qui, dans leur titre de 1966, « Taxman », critiquaient la hausse des impôts par le gouvernement de l'époque : « *Mainte-nance, pay your taxes and shout out to the workers.* » Bowie décrit en détail les gestes précautionneux des ouvriers de maintenance et raconte les après-midi passés avec son fils à réparer vélos, platines et horloges. La star insiste pour glisser dans chaque exemplaire du vinyle de son nouvel album des extraits de *La Convivialité* d'Ivan Illich. Instantanément numéro 1 des *charts* anglo-saxons, « Mainte-nance » devient au cours des deux années suivantes le chant de ralliement des ouvriers et des mineurs en grève dans tout le Royaume-Uni.

Bowisme *vs* thatchérisme

Cette position de « *muse surplombante* », pour citer le magazine *Rolling Stone* en septembre 1984, ne contente pas David Bowie. Surfant sur le succès populaire de *Mainte-nance*, et dans l'optique de peser sur les élections américaines et britanniques qui se profilent, Bowie fonde en janvier 1984 le syndicat ouvrier Second Life. C'est décidé, Bowie la rock star – bien terrienne, cette fois-ci – part en campagne contre la Dame de fer.

Second Life défend une ambitieuse politique d'investissements publics en faveur des infrastructures nationales et contre le gaspillage effréné imposé par le consumérisme néolibéral. Il faut dire que depuis l'arrivée au pouvoir de Margaret Thatcher, les grandes entreprises publiques du pays sont privatisées les unes après les autres : British Petroleum, British Aerospace, British Telecom... Ce sont toutes les infrastructures critiques britanniques qui tournent progressivement le dos à des opérations de maintenance, jugées peu rentables, au profit d'une stratégie du tout-innovation. À rebours de la déréglementation, de la précarisation des conditions de travail et du fléchage des subventions publiques vers les technologies de l'information et de la communication, le syndicat promeut une ligne claire : planification industrielle, renationalisation des équipements vitaux et plan de maintenance infrastructurelle. Contre le thatchérisme, le bowisme propose de soutenir les emplois non délocalisables, alors que la mondialisation crée déjà son lot de chômeurs dans les pays du Nord. Si la popularité outre-Atlantique du chanteur-syndicaliste ne suffit pas pour éviter la réélection de Reagan en 1984, Second Life joue un rôle de premier plan dans la défaite de Thatcher en 1987. Après deux mandats consécutifs, la Dame de fer est sèchement battue par la coalition conduite par les travaillistes.

Hammazon et l'« économie REM »

Les *nineties* marquent l'avènement de l'économie de la réparation et de la maintenance, ou « économie REM ». Comme tout paradigme économique, celui-ci a son ouvrage de référence. En 1997, Clayton Christensen, professeur d'administration des affaires à Harvard, publie le best-seller *The Care Solution : When Bad Maintenance Cause Great Firms to Fail*, préfacé par David Bowie. Les deux compères s'associent et prennent des parts dans différentes entreprises prometteuses. La plus emblématique est certainement Hammazon, contraction des mots *hammer* (marteau, en anglais) et *horizon*. Fondée par Jeff Bezos en 1994, elle propose un service de réparation d'objets en moins de trente minutes. Quatre ans plus tard, Bowie et Christensen – qu'on surnomme dorénavant « *The Men Who Repair the World* » – financent une autre jeune pousse, Toolbox, créée dans la Silicon Valley par Larry Page et Sergey Brin, et destinée à mettre des boîtes à outils à disposition en libre-service dans toutes les grandes villes américaines.

En 2007, coup de tonnerre. Le boss d'Apple, Steve Jobs, l'un des seuls entrepreneurs à avoir poursuivi le chemin de la destruction créatrice et de l'innovation à tous crins, est attendu par tout le monde pour sa traditionnelle conférence annuelle. Censé y annoncer la sortie d'un téléphone révolutionnaire, il troque, au moment de monter sur scène, son habituel col roulé noir pour... une tenue moulante, des paillettes et une nuque longue teinte en rouge, avec le visage frappé d'un éclair. « Mainte-nance » en fond sonore, Jobs annonce l'impensable : Apple cesse de vendre des appareils numériques pour se consacrer exclusivement à leur réparation. L'entrepreneur motive ce pivot par des raisons écologiques, sociales et technologiques, clôturant son discours par une phrase devenue culte : « *We are calling it iFix.* »

La défense du vivant en héritage

David Bowie décède le 10 janvier 2016 d'un cancer foudroyant. Sa mort coïncide avec l'avènement de nouvelles figures de la maintenance. Si le mouvement REM devient planétaire et collectif, une nouvelle génération émerge, dont les têtes de proue sont plus jeunes, plus diverses, plus écolo. Parmi elles, une adolescente suédoise, Greta Thunberg. Quand les journalistes lui demandent comment « Mainte-nance », qui a bientôt quarante ans, l'accompagne dans sa lutte, elle exhume un épisode de la vie du chanteur. Mais pas celui qu'on croit. En 1978, alors qu'il était temporairement retiré de la scène et que Ziggy Stardust n'était plus qu'un lointain souvenir, Bowie fit un voyage au Kenya avec son fils, Duncan Zowie, alors âgé de 7 ans. « *J'y suis allé pour montrer à mon fils comment vivent vraiment les animaux, pour qu'il réalise qu'ils ne sont pas toujours derrière des barreaux. Parce qu'il connaissait le zoo de Berlin, mais c'est tout !* », explique le chanteur dans une vidéo d'archives de la BBC. Pour Greta Thunberg, l'obsession de Bowie pour la réparation et la maintenance, au-delà d'un combat pour la dignité humaine, serait aussi à interpréter comme une lutte pour le vivant. D'où cette phrase, prononcée quelques années plus tard à la tribune de l'Onu par la jeune militante suédoise : « *Quoi de mieux que de faire durer nos objets pour faire durer la planète ?* » •

Le complotiste qui se veut « accoucheur du potentiel humain »

S'il se présente comme un *« catalyseur de changements durables »*, Jean-jacques Crèvecœur s'est surtout imposé depuis le début de la pandémie comme l'un des principaux relais des théories du complot les plus farfelues sur le sujet du Covid-19 et des vaccins.

Texte Titiou Lecoq
Illustration Agata Marszalek

De l'enfance de Jean-Jacques Crèvecœur, on ne sait pas grand-chose. Né en 1961 en Belgique, il fait des études de sciences et se lance dans un doctorat en physique quantique théorique à l'université de Namur, jusqu'au jour où sa vie prend une nouvelle tournure. Nous sommes en janvier 1983 et, comme l'écrit l'intéressé : *« J'étais jeune, mais déjà au fond de moi, je savais que je ne voulais pas d'une vie où l'on me montrerait l'autoroute que je devrais emprunter. »* Jean-Jacques arrête son doctorat pour tenter de répondre à la question suivante : *« Quel est le sens de ma vie sur cette Terre ? »* (Question qu'à peu près toute la population estudiantine se pose un jour.) Il se tourne alors vers d'autres champs de recherche. *« Mon intérêt pour la complexité du réel m'avait amené sur les rivages fascinants des approches de santé globale comme l'homéopathie, l'ostéopathie, la médecine chinoise traditionnelle, la médecine nouvelle du docteur Hamer, les thérapies énergétiques.* »

Sens ou pas sens, il faut bien gagner sa vie. Jean-Jacques Crèvecœur devient alors formateur en management auprès des entreprises en s'appuyant sur des formules telles que *« former pour déléguer et déléguer pour former »* ou *« devenir manager-accoucheur du potentiel de ses collaborateurs »*. Sa boîte s'appelle Autonomie et Développement, et tout ronronne correctement. Mais en 2002, aime-t-il raconter, sa vie bascule. Jean-Jacques est contacté pour donner un cours de physique quantique à des homéopathes. C'est une révélation. Il décide de se lancer dans la formation des consciences et renomme son entreprise Émergences Diffusion.

En attendant le génocide bactériologique

La présentation de l'entreprise ressemble à un bingo du bien-être. Sur sa page LinkedIn sont mentionnés la psychanalyse structurale, la psychologie des profondeurs chère à Jung, le symbolisme archétypal, l'astrologie humaniste, les théories de la communication (le gagnant-gagnant, la communication non violente, l'analyse transactionnelle), les modèles de leadership (leadership situationnel, management systémique), différentes approches alimentaires (végétarisme, crudivorisme, jeûne), les principes scientifiques des médecines globales (homéopathie, ostéopathie, acupuncture, médecine quantique, médecine psychosomatique), ainsi que l'épistémologie des pratiques médicales (vaccinologie et cancérologie en particulier).

Jean-Jacques Crèvecœur s'installe au Québec, écrit des livres, aux titres tels que *Le Langage de la guérison*, et multiplie les conférences lors desquelles il soutient que toutes les maladies sont surtout d'ordre psychologique. Raison pour laquelle il est farouchement anti-vaccins (et anti-médicaments en général).

Mais c'est l'épisode de la grippe H1N1 qui va le faire basculer dans le complotisme. Sur son blog et sur les forums, Jean-Jacques Crèvecœur soutient que le vaccin est une arme bactériologique destinée à préparer un génocide : *« Pourquoi des centaines de milliers de cercueils sont-ils entreposés dans tous les États américains ? Et pourquoi des fosses communes ont-elles été creusées dans chaque district ? »* Le bingo devient alors plus sombre. Après la crise de la grippe A, Jean-Jacques se dit que la manœuvre du gouvernement mondial a échoué, mais qu'il faut demeurer vigilant. Sous-entendu : ces gens n'en resteront pas là.

Gel nanotechnologique et hologrammes de Jésus

Évidemment, quand l'épidémie de Covid-19 démarre, tous les complotistes des années H1N1 reprennent du service. C'est comme si ce qui se passait validait le discours qu'ils avaient tenu dix ans plus tôt. Jean-Jacques Crèvecœur se lance dans des explications délirantes à longueur de vidéos. Il y raconte que l'épidémie actuelle correspond à la mise en place d'une *« dictature 3.0 »* élaborée pour nous vendre des vaccins au bénéfice de Bill Gates et nous injecter un gel nanotechnologique pour nous identifier numériquement, grâce à la 5G. La deuxième dose du vaccin détacherait l'âme du corps. Finalement, l'épidémie ne serait qu'un prétexte pour nous conditionner – et les mouvements actuels de lutte contre le sexisme ou le racisme, des diversions organisées délibérément par les gouvernements.

Crèvecœur va tellement loin qu'il se passe une chose incroyable : YouTube supprime sa chaîne en juillet 2020. Mais il continue de poster sur d'autres plateformes et réseaux sociaux. Et en profite pour relancer le complot dit du Blue Beam, un classique des années 1990 selon lequel « ils » (comprendre les puissants et la CIA) vont créer des hologrammes de Jésus projetés dans le ciel pour nous faire croire à son retour sur Terre et ainsi mieux nous faire obéir… On raconte que cette idée de Blue Beam était à l'origine le scénario d'un épisode de *Star Trek* qui aurait été copié-collé, mais cette assertion n'est pas vérifiable.

Une chose est sûre, en revanche : il n'y a pas que le coronavirus qui est contagieux. En bonne place dans la liste des mouvements sectaires, Jean-Jacques Crèvecœur est révélateur du nouveau visage que peuvent prendre les sectes : parfois, elles s'incarnent sous la forme d'une simple page Facebook ; mais le processus d'emprise sur les adeptes, lui, est le même que chez les gourous à l'ancienne ●

En Antarctique, tout le monde observe tout le monde

Texte Laura Guien et Fabien Palem
Illustration Miroslav Weissmüller

L'Antarctique peut-il encore être ce « laboratoire wdu futur » décrit en 1992 par l'explorateur français Paul-Émile Victor ? Du bon usage politique des missions scientifiques à la redéfinition des règles touristiques à l'heure du péril climatique, il est tentant d'y croire, malgré la convoitise des grandes puissances pour les ressources naturelles de cette « terre de paix ».

Pour doubler sa superficie et s'étendre sur deux continents, l'Empire ottoman dut faire tomber Constantinople. L'Argentine, elle, s'est contentée de manipuler habilement une mappemonde, sans renverser de murailles, ni lever le moindre bataillon. L'Antarctique, ce gigantesque territoire presque vierge de présence humaine, figurait depuis des décennies dans un petit encadré, à échelle réduite, sur les cartes officielles du pays bicontinental du bout du monde. Puis une loi ratifiée en 2020 par le président Alberto Fernández a stipulé que la plateforme continentale antarctique, ainsi que d'autres espaces revendiqués par Buenos Aires, comme les îles Malouines, devaient apparaître à la même échelle que son territoire national. De quoi faire grincer des dents le Chili voisin, qui revendique une partie du même vaste territoire polaire. Mais à quoi rime cette guéguerre cartographique entre pays périphériques ?
« *En Argentine, il existe un attachement affectif à l'Antarctique. Quand j'étais écolier, au milieu des années 1980, on apprenait déjà qu'une partie de ce continent appartenait à notre pays*, se remémore Milko Schvartzman, spécialiste argentin de la conservation marine, qui a notamment collaboré avec l'Onu. *En grandissant, on se fait à l'idée qu'il fait partie du patrimoine de l'humanité.* » Pour le chercheur, les roulements de tambours officiels qui ont accompagné la présentation des nouvelles cartes nationales relèvent d'un *« usage démagogique de la géographie »*. De fait, cet épisode argentin met en lumière la tension permanente qui existe entre les grands principes de protection du « continent blanc » et les aspirations économiques et géopolitiques des différentes puissances présentes sur sa banquise.

Car les enjeux liés au continent terrestre le plus austral dépassent largement les attachements affectifs des uns et des autres. En juin 2021, Paris a accueilli la Réunion consultative du traité sur l'Antarctique (RCTA). L'occasion pour les fonctionnaires argentins et chiliens de croiser, dans les couloirs virtuels de cette séance qui s'est exceptionnellement tenue en ligne, les représentants des 52 autres États engagés dans cette affaire.

La terre de personne

Sur le plan juridique, l'Antarctique n'appartient à personne. En 1959, en pleine guerre froide, le traité sur l'Antarctique mettait officiellement en suspens les revendications des sept puissances ayant émis des prétentions territoriales à son encontre : Argentine, Chili, France, Royaume-Uni, Nouvelle-Zélande, Norvège et Australie. *« Ces grandes puissances dites "possessionnées" ont accepté un non-accord qui gèle les prétentions territoriales de chacun et permet une coopération scientifique »*, explique Anne Choquet, spécialiste du droit des régions polaires. Une situation unique au monde qui sacre le continent comme *« terre de paix et de science »*, en faisant également un *« véritable laboratoire pour le droit international »*, selon l'enseignante chercheure. En 1992, dans son livre *Planète Antarctique : nouvelle terre des hommes* (Robert Laffont), Paul-Émile Victor, pionnier des expéditions polaires françaises, ne parlait-il pas déjà des terres australes comme d'un *« laboratoire du futur »* ? Un statut vertigineux pour ce vaste territoire d'expérimentation, mais aussi de... conflit. *« Comme avec tous les traités, l'idée est de systématiquement réglementer les difficultés à venir. Il faut toujours essayer d'imaginer le coup d'après »*, précise Anne Choquet au sujet de la *Magna Carta* antarctique.

En 1991, le protocole de Madrid, version écolo du traité de 1959, donne une première idée de ce *« coup d'après »* en interdisant notamment toutes les activités liées à l'exploitation des ressources minérales du sanctuaire antarctique. Voir le territoire au centre d'un méga conflit sur fond de course aux énergies demeure pourtant l'un des scénarios de géopolitique-fiction régulièrement évoqués. En particulier à l'heure de l'urgence climatique et de la fin programmée du recours aux énergies carbonées.

En 2018, l'implantation d'une cinquième base chinoise en Antarctique a fait planer quelques doutes sur les intentions réelles du géant asiatique à l'égard du continent blanc. *« Si le gouvernement chinois s'installe en Antarctique, ce n'est pas pour des motifs scientifiques, ni vraiment pacifiques*, considère Milko Schvartzman. *Nous pouvons toujours rester prudents sur cette question, mais la présence chinoise en Amérique du Sud relève à mes yeux de la conquête économique. »* C'est dans l'Atlantique Sud que ce lanceur d'alerte, spécialiste de la biodiversité marine, dénonce, preuves à l'appui, la surpêche et la pêche illégale opérées par les grands exploitants présents : des acteurs chinois en grande majorité, mais aussi des Coréens, des Taïwanais et des Espagnols. Dans la région située au nord de l'Antarctique, en face du territoire argentin, *« des centaines de bateaux chinois, dont certains sont la propriété de l'État, épuisent les ressources halieutiques en pratiquant la surpêche et la pêche illégale »*. À la frontière entre les eaux argentines et internationales, d'après Milko Schvartzman, *« c'est déjà un peu la guerre »* entre les bateaux concurrents, timidement chassés par la préfecture navale argentine, censée défendre ses eaux territoriales. De quoi craindre les mêmes dérives au pôle Sud, connu pour la richesse de ses eaux ? La question oppose en tout cas deux approches bien distinctes : d'un côté, la sanctuarisation des eaux et la création d'aires marines protégées (AMP) ; de l'autre, un usage moins régulé du territoire, défendu notamment par la Chine et la Russie. Protection *vs* usage libéral : l'Antarctique cristallise les deux options majeures qui se dégagent du débat contemporain engagé à l'échelle internationale sur la protection des ressources naturelles.

Autre enjeu brûlant du côté du pôle Sud : le tourisme. Depuis l'importation du modèle arctique, dans les années 1990, l'espace polaire est ouvert aux croisières d'aventure. Le Chilien Juan Cristóbal Del Pedregal Bravo, directeur commercial d'une entreprise offrant des voyages haut de gamme, se souvient : *« Après la chute du mur de Berlin, des entrepreneurs américains visionnaires ont saisi l'occasion et embauché des capitaines russes compétents pour naviguer dans les eaux polaires. »* Depuis, le nombre de croisiéristes en Antarctique n'a cessé d'augmenter. Ils étaient près de 75 000 à avoir visité le continent blanc lors de la dernière saison touristique ayant précédé la pandémie de Covid-19, entre octobre 2019 et avril 2020, selon les statistiques de l'Association internationale des voyagistes antarctiques. Un tourisme de luxe, en hausse et très réglementé par le protocole de Madrid, qui étrennera prochainement une nouvelle mesure votée lors de la dernière RCTA : la présence d'observateurs à bord des navires touristiques opérant dans la zone. Objectif de cette recommandation faite par la France et l'Argentine : *« Vérifier que les tour-opérateurs respectent bien la jauge légale du nombre de touristes à débarquer, mais aussi que les activités réalisées correspondent bien à ce qui a été déclaré pour obtenir l'autorisation de mouillage »*, précise Anne Choquet. Un modèle touristique sous haute surveillance qui pourrait bien présager une nouvelle façon de visiter les zones les plus fragiles de la planète. Du tourisme aux ressources naturelles : la sainte alliance glacée scellée pendant la guerre froide serait-elle en train de fondre face aux nouvelles promesses de la terre australe ?

Promiscuité et méfiance

« Le monde de l'Antarctique est trop petit pour qu'on puisse y faire n'importe quoi », résume Del Pedregal Bravo. Si la maxime de l'entrepreneur chilien s'applique au tourisme, elle semble également valable pour l'exploitation des sous-sols de la terre australe. *« Exploiter les ressources minérales, ce n'est pas pour maintenant »*, martèle Anne Choquet. Contrairement à ce qui est souvent dit ou écrit, le traité sur l'Antarctique n'a pas de fin prévue en 2048, et *« il s'agit d'un texte très contraignant »*, rappelle la chercheuse en droit.

Autre argument incitant à la modération, plus pragmatique encore : la promiscuité et la relative méfiance qui règne entre les acteurs, comme le souligne Frédéric Lasserre, directeur du Conseil québécois d'études géopolitiques de l'université Laval : *« En Antarctique, tout le monde observe tout le monde. Apporter du matériel de forage sur des centaines de kilomètres, ça finirait par se savoir. »* La théorie de l'expansion chinoise et russe en Antarctique relèverait donc peut-être de la parano... Ou pas, car, comme le remarque le chercheur, les gouvernements se servent aussi – surtout ? – d'une présence scientifique nationale sur place pour exercer une forme de *soft power*. Comme les Argentins et leurs manipulations cartographiques, une présence scientifique justifie qu'un pays puisse s'asseoir à la table des négociations. *« Le gel des prétentions territoriales est bien un non-accord. Donc l'Argentine et le Chili, très régulièrement, rappellent qu'ils n'ont pas abandonné et que leurs positions se maintiennent »*, signale Anne Choquet.

L'image sur papier glacé d'une terre de paix immaculée ne serait-elle qu'un mirage ? L'Antarctique peut-il encore incarner une forme d'utopie ? *« C'est le seul endroit du monde où l'on ne s'accorde pas sur le statut du territoire et où pourtant l'on coopère »*, note en tout cas Anne Choquet. Faute d'être le laboratoire d'un futur idyllique, l'Antarctique demeure ainsi un bon indicateur quant à la capacité des grandes puissances étatiques à tenir à l'écart leurs intérêts directs. Car si le continent austral ne met pas tout le monde d'accord, quel coin du globe sera en mesure de faire passer l'écologie avant l'économie ? ●

Isaac Asimov, pourfendeur de l'anti-science

Avec plus de 40 romans, 383 nouvelles et 280 ouvrages de vulgarisation scientifique, Isaac Asimov figure parmi les écrivains les plus prolifiques du XXe siècle. Pierre angulaire de la science-fiction, il fut aussi l'un des apôtres du scepticisme scientifique, mouvement engagé dès les années 1970 dans la lutte contre les pseudosciences. Et si l'héritage d'Asimov tenait moins à ses prédictions qu'à son combat acharné pour l'esprit critique ?

Texte Élisa Thévenet

« L*'aspect le plus triste de notre vie aujourd'hui, c'est que la science acquiert les connaissances plus vite que la société n'acquiert la sagesse.* » Heureusement qu'Isaac Asimov n'a pas assisté à la foudroyante offensive menée par les complotistes contre la science depuis le milieu des années 2010. « *Il est à la mode d'accuser les scientifiques de dogmatisme* », pressentait pourtant l'écrivain, quarante ans avant la pandémie de Covid-19 et la structuration des mouvements anti-science.

En cinquante ans de carrière, celui que l'on considère comme l'un des pères fondateurs de la science-fiction a consacré 20 millions de mots à l'exploration des rapports sociaux et des rouages de l'univers. Une bibliothèque à l'ambition universelle qui n'a rien perdu de son actualité : soixante-dix ans après sa parution aux États-Unis, son cycle *Fondation* (Folio SF) s'est écoulé à plus de 70 000 exemplaires en 2021 en France. Mais si Isaac Asimov est surtout connu pour avoir inventé le terme « robotique » et les trois lois qui régissent les interactions entre l'homme et la machine, son travail avant-gardiste de vulgarisation a contribué à retarder la montée des obscurantismes et des mysticismes qui déferlent sur le XXIe siècle. Ambassadeur de la rigueur scientifique auprès du grand public, cofondateur en 1976 du Comité d'étude scientifique des phénomènes paranormaux, ce docteur en chimie a passé trente ans à expliquer les astres, l'espace et les planètes sur fond de guerre froide et de course aux étoiles. « *En tant que sceptique, j'ai un devoir, une vocation à répandre la rationalité* », martèle-t-il au printemps 1986. Un devoir qu'il a incarné dans ses œuvres de fiction et ses essais, dessinant un trait d'union entre art et science, sciences humaines et naturelles. « *Il est scientifique jusque dans ses récits*, confirme Anne Besson, professeure en littérature comparée à l'université d'Artois. *Il propose une expérimentation rigoureuse par la narration.* » Une expérimentation qui commence en 1923, lorsque le petit Isaac, 3 ans, quitte la ville russe de Petrovitchi en direction du continent nord-américain.

De *l'Iliade* aux pulps

Naturalisé en 1928, quelques années après son arrivée à New York, Isaac Asimov grandit dans les livres. Fils d'une famille juive orthodoxe, il apprend à lire tout seul en déchiffrant les panneaux des rues de Brooklyn. Il dévore ses manuels scolaires en quelques jours et salive devant les rayonnages des kiosques à journaux. Issus d'un milieu modeste – le père, Judah, possède une épicerie – mais attentifs à son éducation, ses parents l'abonnent aux deux bibliothèques municipales du quartier pour assouvir son insatiable curiosité. « *Ma vraie éducation, la superstructure, les détails, la véritable architecture, je l'ai tirée de la bibliothèque* », écrit Isaac Asimov en 1979 dans ses mémoires. Toutes les semaines, il rentre avec deux livres, le nez plongé dans *L'Iliade* – dont il connaît les 15 000 vers par cœur. Rapidement, les mythes grecs laissent la place aux pièces de Shakespeare, aux romans de Charles Dickens et d'Alexandre Dumas. Passionné par les aventures des trois mousquetaires, il découvre l'histoire de

France, puis celle du monde et des sciences. *« Asimov était un grand vulgarisateur, il se pensait comme l'honnête homme français du XVIIIe, il voulait toucher à toutes les sciences et tous les domaines »*, analyse Natacha Vas-Deyres, docteure en littérature française. Héritier de l'esprit et de l'ambition encyclopédique de Diderot et d'Alembert, il publiera, adulte, des ouvrages sur la Bible, Hamlet, les Égyptiens, la naissance des États-Unis, les fusées, les trous noirs ou les ovnis.

Allergique à la fiction contemporaine, il louche dans la boutique de son père sur les couvertures tapageuses des pulps, ces magazines populaires qui ont accompagné la naissance de la science-fiction. À 9 ans, il remplace sa mère, enceinte de sa petite sœur, à la caisse. L'occasion rêvée pour jeter un œil aux revues qu'il vend. *« J'ai réussi à faire croire* [à mon père] *que le magazine intitulé* Science Wonder Stories *ne parlait que de science »*, se souvient Isaac Asimov, dont la plume sera profondément marquée par ces publications.

Frustré de devoir retourner les ouvrages qu'il emprunte, le jeune Isaac, 11 ans, échafaude un plan : il va recopier son roman préféré pour pouvoir le lire tous les jours. Au bout de quelques lignes, le projet se révèle dantesque. Une étincelle bourgeonne alors dans son esprit : et s'il écrivait des histoires ? Toute son adolescence, Isaac griffonne des embryons de nouvelles. Jusqu'au 29 mai 1937, quand il pose les fondations de *Cosmic Corkscrew* (Le Tire-bouchon cosmique), l'histoire d'un homme qui voyage dans le futur pour découvrir la Terre désertée. Au bout de quelques semaines, il patine et range l'énième brouillon dans un tiroir. Mais plusieurs mois plus tard, *Astounding Stories* le rappelle à l'ordre : Isaac Asimov ne trouve plus la revue dans les rayons de l'épicerie. Paniqué, il appelle les bureaux du magazine à New York : le mensuel a simplement changé sa fréquence de publication. L'épisode motive l'adolescent à terminer sa première nouvelle et à la soumettre à *Astounding Stories*.

L'éditeur aux mille et un visages

Isaac a 17 ans quand il monte dans le métro, direction les locaux de Street & Smith, pour rencontrer John W. Campbell, l'éditeur de pulps le plus influent de l'époque, son « Tire-bouchon cosmique » sous le bras. Le rédacteur en chef de 27 ans le reçoit et lui promet une réponse rapide. Depuis deux ans, Isaac, assidu, écrit tous les mois au magazine pour commenter le numéro précédent. Régulièrement publiées, ses lettres-critiques ont attiré l'attention de Campbell. Mais quelques jours plus tard, le jeune écrivain reçoit un courrier de refus. Il redouble d'efforts et, avec celui qui deviendra son mentor, il échange autour de nouvelles propositions. En mars 1939, il vend sa première histoire à la revue *Amazing Stories* pour 64 dollars, et quatre mois plus tard, Isaac Asimov entre officiellement dans la prestigieuse famille des auteurs d'*Astounding Stories*. *« Je ne lisais plus exclusivement que de la science-fiction et ses auteurs commençaient à ressembler à des demi-dieux à mes yeux. Je voulais aussi devenir un demi-dieu »*, raconte-t-il dans ses mémoires.

Fondé en 1930, *Astounding Stories*, sous la direction de l'irascible et visionnaire John W. Campbell, a donné ses lettres de noblesse à la science-fiction. Architecte en chef d'un genre qui affine alors ses contours, le scientifique reconverti en homme de lettres a découvert ou propulsé une myriade de grands noms : Robert A. Heinlein, Theodore Sturgeon, A. E. Van Vogt, Isaac Asimov et plus tard Frank Herbert. *« Lui parler, ça voulait dire écouter un monologue »*, confie Isaac Asimov, qui l'a longtemps considéré comme une figure paternelle. Derrière ses épaisses lunettes, vissé dans son Chesterfield, le rédacteur en chef autoritaire et imprévisible a contribué à faire de la science-fiction un laboratoire d'idées, une machine à éclairer le monde. Pendant près de dix ans, le jeune écrivain passe tous les mois dans le bureau étroit de Campbell pour lui soumettre de nouvelles idées et s'abreuver de ses conseils. Entre ces quatre murs, les penchants ésotériques et les opinions ultra conservatrices de l'éditeur nourriront le militantisme d'Asimov pour la rigueur scientifique et son intraitable athéisme.

Car si les années 1930 sont un formidable tremplin pour le genre, elles sont aussi entachées par la vision patriarcale, coloniale et antisémite de l'entre-deux-guerres. *« À cette époque, le racisme et les stéréotypes raciaux faisaient partie intégrante de la scène américaine.* [...] *Les femmes, elles, n'étaient*

Le jeune Isaac, 11 ans, échafaude un plan : il va recopier son roman préféré pour pouvoir le lire tous les jours

là que pour rendre les vilains plus vilains et les héros plus héroïques. C'est l'une des raisons pour lesquelles j'ai omis les femmes dans mes premiers écrits », se justifie l'auteur, surnommé « l'homme aux cent mains ». Serial dégrafeur de soutiens-gorge et peloteur intempestif, Isaac Asimov avait le sourire et l'agression facile. « *Une très mauvaise habitude à laquelle je ne résiste parfois pas* », plaisantait ce beau parleur impulsif en 1979.

Ego boursouflé

En septembre 1938, après avoir reçu une lettre d'un ancien camarade de collège l'invitant à participer à une réunion de lecteurs de science-fiction, Asimov décide d'intégrer les Futurians, un embryon de *fandom* dans lequel il nouera des relations décisives pour sa carrière. « *L'âge d'or de la science-fiction est marqué par cette génération d'auteurs progressistes qui peignent un futur idéal* », observe Natacha Vas-Deyres. « *Les années 1940 correspondent à une phase d'intense créativité collective* », confirme l'universitaire Simon Bréan, auteur de *La Science-fiction en France, théorie et histoire d'une littérature* (Presses universitaires Paris-Sorbonne, 2012). Une émulation portée notamment par la naissance des premiers fan-clubs de SF. « *J'ai rencontré des gens qui brûlaient du même feu que moi, qui aimaient la science-fiction comme moi, qui voulaient écrire de la science-fiction comme moi et qui avaient le même génie erratique que moi* », se souvient l'écrivain à l'éternelle cravate texane et à l'ego boursouflé. La vanité d'Asimov était si légendaire qu'en 1963 l'organisation du prestigieux prix Hugo l'a piégé pour qu'il se remette son propre prix littéraire. Il en remportera huit pour l'ensemble de son œuvre.

Alors que la Seconde Guerre mondiale ravage l'Europe, Isaac décroche laborieusement une maîtrise de chimie à l'université Columbia. Élève précoce – il termine le lycée à 15 ans –, il peine pourtant à trouver sa place sur les bancs de la faculté. Fasciné par l'histoire, il envisage d'étudier la médecine, puis la zoologie, avant de se tourner vers la chimie. Il traverse ainsi ses études sans enthousiasme, obnubilé par sa carrière littéraire naissante. Quelques mois avant l'entrée des États-Unis en guerre, Campbell lui commande une nouvelle intitulée « Quand les ténèbres viendront ». L'histoire de la crise de folie d'une planète sur laquelle les étoiles n'apparaissent qu'une fois tous les millénaires. Publiée en septembre 1941, elle remporte en 1968 le prix Nebula de la meilleure novella parue avant 1965. Théoricien des sciences et de la langue, Isaac Asimov bouscule les canons de la SF et rompt avec le mythe de Frankenstein qui alimente l'imaginaire collectif depuis la publication du roman de Mary Shelley en 1818. Dans ses nouvelles, les robots sont bienveillants et l'utopie réalisable.

Vers l'infini et au-delà

Alors que les forces hitlériennes exterminent les populations juives d'Europe, Campbell demande à Asimov s'il souhaite écrire sous pseudonyme. L'auteur juif refuse catégoriquement: *« Je pense que j'ai aidé à casser le standard qui consiste à imposer des noms sans sel et sans matière grasse aux écrivains. Ça a rendu un tout petit peu plus envisageable d'être ouvertement juif dans le monde de la littérature populaire »*, écrit-il dans ses mémoires. Enfant, il n'a reçu aucune éducation religieuse, n'a jamais appris à parler yiddish. Athée convaincu, fervent humaniste, il préfère les déterminismes sociaux à la transcendance et l'arbitraire à la destinée. Une approche qui irrigue son œuvre. *« C'est un pur rationaliste et matérialiste, il a toujours pensé que la science apporterait le progrès dans la société »*, confirme Anthony Vallat, professeur de sociologie à Lausanne et auteur du livre *Utopie et raison dans le cycle de Fondation d'Isaac Asimov* (ActuSF, 2014). Dans son laboratoire de papier, Asimov a passé des décennies à tester les conditions de réalisation de l'utopie. Une ode volubile à la raison.
Disciple appliqué de John W. Campbell – qui théorisera en 1949 son approche archétypale de la narration dans son best-seller *Le Héros aux mille et un visages* (J'ai Lu, 2013) –, Isaac Asimov mêle, dans ses œuvres, sciences sociales et science-fiction, et renoue avec son premier amour: l'histoire. *« Il a appliqué la méthodologie scientifique de Campbell et posé des expériences de pensée »*, souligne Simon Bréan.
Après avoir dévoré l'essai d'Edward Gibbon, *Histoire de la décadence et de la chute de l'Empire romain* (1776-1788), Isaac Asimov rêve d'écrire une histoire du futur. Dans le métro qui le mène au bureau enfumé de Campbell, il trace les grandes lignes d'une nouvelle sur le déclin d'un empire galactique. En quelques heures, les deux hommes posent sur un coin de table les bases de la psychohistoire, une science sociale imaginaire capable de prédire, grâce aux statistiques, les mouvements sociaux qui ballottent les hommes. En 1942, Asimov édite le premier volet de son épopée politique, le cycle *Fondation*, composé de 9 nouvelles et 6 romans, publiés entre 1942 et 1993. Adaptée en série en 2021, soixante-dix ans après la parution du premier opus de la saga par Gnome Press, sa série postule que le futur est une équation solvable, posant avant l'heure les bases théoriques de la prospective, une discipline qui modélise l'avenir à partir des variations du passé et du présent.
« J'ai écrit une grande partie du cycle Fondation *alors que j'étais en échec total au NAES* (une base navale et aérienne expérimentale installée à Philadelphie pendant la Seconde Guerre mondiale, ndlr) », confie Isaac Asimov dans ses mémoires. En 1942, le jeune chimiste suit Robert A. Heinlein pendant trois ans dans un laboratoire de l'armée américaine. Au sortir de la guerre, il choisit de poursuivre son doctorat en chimie, mais devient un chercheur *« médiocre »* qui fuit la recherche au profit des conférences.

Humaniste de l'année

L'année 1957 pose une pierre décisive dans l'édification de la bibliothèque d'Alexandrie d'Asimov. L'écrivain de science-fiction vient de publier son premier article de vulgarisation scientifique et se sent dépassé par l'arrivée d'une nouvelle génération d'auteurs (Philip K. Dick et Frank Herbert, notamment) qui défend une science-fiction plus organique et plus stylistiquement expérimentale. Au même moment, le satellite Spoutnik 1 est lancé dans l'espace, une révolution qu'Isaac entend accompagner auprès du grand public: *« Face à cette profonde accélération du progrès humain, il pense que la science doit être diffusée le plus largement possible. Il était obsédé par les problématiques d'acceptabilité de la science. Il pressentait que la majorité des gens refuserait les progrès techniques »*, note Anne Besson. *« Après* L'Affreux Petit Garçon *[1958], j'étais à sec, au moins partiellement. Et puis, avant tout, je m'étais éloigné de Campbell et de ses idées étranges »*, confiera Isaac Asimov à la fin de sa vie. Aux côtés de l'écrivain Arthur C. Clarke, il incarne le schisme qui déchira, à la fin des années 1950, les champions de l'âge d'or de la science-fiction. Avec d'un côté les tenants de la rigueur scientifique et d'un scepticisme exigeant, et de l'autre ceux qui se laisseront happer, à l'instar de John W. Campbell et A. E. Van Vogt, par la dianétique théorisée par l'ancien auteur de SF devenu gourou de la scientologie, L. Ron Hubbard.

Pendant trois décennies, Asimov n'écrira plus de science-fiction, à l'exception d'une ou deux nouvelles par an et d'un roman en 1972, *Les Dieux eux-mêmes*. En 1982, il replongera dans le cycle *Fondation* et imbriquera l'ensemble de son œuvre pour former une gigantesque fresque historico-futuriste. *Fondation foudroyée* (1982) restera vingt-cinq semaines dans les best-sellers du *New York Times*. Couronné « Humaniste de l'année » en 1984, Isaac Asimov a incarné la rigueur scientifique auprès du grand public. « *Il s'est battu pour la connaissance contre la superstition, pour la tolérance et contre la bigoterie, pour la bienveillance et contre la cruauté, et par-dessus tout pour la paix et contre la guerre*, écrit Arthur C. Clarke en 1992, à la mort de son ami. *Il a incarné l'une des voix les plus actives face aux imbéciles de la mouvance new age et aux fanatiques fondamentalistes qui pourraient former une menace bien plus grande que le tigre de papier qu'a été le communisme. Les œuvres de fiction d'Isaac sont aussi importantes que ses essais parce qu'elles essaiment les mêmes idées à une plus grande échelle encore.* »

« *Les nations peuvent avoir des langues différentes, des religions différentes, des régimes alimentaires, des vacances, des philosophies différentes, mais il n'existe qu'une seule science* », expliquait Isaac Asimov, qui aura dédié sa vie à défendre son universalité et à lutter contre la montée des discours alternatifs. « *Si vous étudiez n'importe quelle pseudoscience, vous découvrirez un doudou, un pouce à sucer, une jupe dans laquelle se cacher. Et qu'est-ce qu'on peut proposer en échange ? L'incertitude ! L'insécurité !* » Et le grand vulgarisateur d'interroger, dans *Le Futur : la pensée vagabonde* (1983) : « *Peut-être perdrons-nous à la fin. Mais quelle est l'alternative ? Abandonner le combat ? Laisser le monde aux astrologues et aux créationnistes ?* » ●

Ed McDonald

Et si nous vivions déjà dans le métavers ?

Texte Éric Senabre
Illustration Aline Zalko

Il suffit de lire ou d'entendre le mot « métavers » pour que jaillissent des images de mondes virtuels peuplés d'avatars 3D, étendant notre vie sociale au-delà des contraintes physiques. L'avenir ? À bien y réfléchir, les réalités alternatives sont notre quotidien depuis bien longtemps. Et Facebook en aura été un pourvoyeur sans même s'en apercevoir.

L'idée même du métavers – un singulier qui évoque aussi bien *un* métavers en particulier que le concept dans son ensemble ou, par métonymie, l'ensemble *des* métavers – a été formalisée par l'auteur américain de science-fiction Neal Stephenson dans son roman *Le Samouraï virtuel*. Métavers est un terme plus commode et moins limité que « réalité virtuelle », malgré leurs liens très intimes. Si l'on devait simplifier à l'extrême, on pourrait considérer que la réalité virtuelle est la brique technologique à partir de laquelle le métavers entend prospérer. Un métavers est donc une sorte de réalité alternative aux visées sociales, à laquelle on accède via Internet et des interfaces adaptées : système de visualisation, de captation des mouvements, etc. Aujourd'hui, l'écosystème Oculus, propriété de Facebook, est le cheval de Troie du métavers. Le concept va-t-il s'en trouver naturellement démocratisé ou bien s'essouffler aussi vite que l'on s'est lassé des *bitstrips*, ces insupportables émojis personnalisés ?

À vrai dire, notre propos n'est pas ici de creuser cette question, largement traitée par ailleurs, mais plutôt de poser trois postulats. Premièrement : la fiction populaire a déjà largement préparé les esprits à l'idée du métavers, et ce, depuis plus longtemps qu'on ne le croit. Deuxièmement : cette même fiction a créé « accidentellement » des métavers *en dehors d'elle-même*, qui débordent sur le monde réel. Troisièmement : Facebook a développé un métavers depuis belle lurette, bien avant de choisir de se renommer Meta et sans même s'en rendre compte. Un métavers d'autant plus puissant qu'il ne nécessite aucun périphérique.

La fiction de ces soixante dernières années regorge de récits dans lesquels des strates de réalité s'empilent dans une logique proche de celle du rêve, brouillant in fine le rapport à une réalité initiale. Pourtant, il est des métavers de fiction qui ne disent pas leur nom, et dont l'acceptation par le grand public montre à quel point celui-ci est perméable à ce principe, sans que la moindre explication ne lui soit fournie.

L'ère Daniel Craig, un univers en soi

À l'automne 2021 est sorti *No Time To Die*, dernier James Bond avec Daniel Craig (dernier, au sens où Craig n'en fera plus). James Bond est un drôle de problème philosophique en soi. De prime abord, il pourrait déjà être compliqué d'admettre que le Bond « de » Sean Connery est le même que celui de Roger Moore ou de Pierce Brosnan… mais cela n'a jamais vraiment gêné le public. Dans cette saga, la continuité est relativement lâche : si l'on excepte la mort de « Madame Bond » et ses maigres implications, le lien était assuré par des personnages secondaires récurrents, longtemps interprétés par les mêmes actrices et acteurs. Pourtant, avec l'ère Daniel Craig, les cartes ont été rebattues. Quand *Casino Royale* est sorti, en 2006, il n'a jamais été question de parler de *reboot* ; et pourtant, le film explorait bel et bien les débuts de Bond en tant que 007. Une simple analepse, avant de rebondir vers le présent ? On aurait pu le penser. Cependant, dès les deux épisodes suivants, il a fallu se rendre à l'évidence : l'ère Daniel Craig constituait un univers en soi, en réécrivant au pas de course toute l'histoire du personnage. Un postulat plus que tordu puisque le personnage de M, joué par Judi Dench, y était le seul survivant de l'ère Pierce Brosnan, avant de trouver la mort à la fin de *Skyfall*. Cette M y était donc à la fois un point d'ancrage avec le passé et l'origine d'une sorte de « singularité ». Avec *No Time To Die*, ce métavers « bondesque » s'est définitivement refermé, pour des raisons que chacun découvrira en même temps que le film. Et pourtant, personne ne doute une seconde du retour de Bond, d'ailleurs annoncé en post-générique. En somme, le public a, sans broncher, accepté l'idée que Bond n'était pas prisonnier d'un canon, mais que l'on pouvait suivre *n* déclinaisons de ses aventures à travers des dimensions parallèles, quasiment étanches, quitte à ce qu'elles soient a priori contradictoires.

Le même phénomène est à l'œuvre, sur une durée plus courte, avec les trois séries *Spider-Man* qui ont déboulé au cinéma depuis le début des années 2000. Aucune ne prend en considération la précédente, chacune a son existence autonome, et seul le concept d'un personnage aux caractéristiques à peu près fixées (et encore) demeure. Personne ne s'en émeut, ou ne crie à l'incohérence. Le prochain film *Spider-Man* semble parti pour s'en amuser, mais ce n'était au fond pas nécessaire.
Sherlock Holmes ? Une forme encore plus ancienne – et plus puissante – de métavers accidentel. À ses innombrables prolongements (et incarnations) hors du canon de Conan Doyle – que ce soit en littérature, à l'écran, dans le monde du jeu vidéo ou en BD –, il faut ajouter cette dimension troublante : plus le temps passe, plus Sherlock Holmes existe non plus en tant que personnage de fiction, mais comme *personnage historique*. Son empreinte est si forte dans l'imaginaire collectif, les tentatives de l'arracher au seul monde des créations de l'esprit si nombreuses (citons l'ouverture de son musée londonien, entre autres exemples), qu'il n'existe plus qu'une différence de principe entre lui, un personnage qui n'a *pas* existé et une quelconque figure historique qui n'existerait *plus*. Nous sommes entourés de métavers sherlockiens dans lesquels le détective a les traits de Benedict Cumberbatch, de Jeremy Brett et nous avons basculé dans celui où il aurait pu exister… ou a *peut-être* existé.

« Souvenirs » de Facebook

Tout ce qui précède n'englobe évidemment pas la dimension d'interaction sociale virtuelle que le métavers implique dans son sens usuel : il ne s'agit « que » de réalités alternatives *passives*, en somme. Facebook, avec ses projets de métavers, aurait a priori des ambitions plus poussées. Pourtant, quand on y songe, il y a une certaine trivialité dans le principe même de ces avatars qui évolueront dans des mondes recréés avec plus ou moins de réalisme, et directement dépendants des avancées technologiques. Or, Facebook a, sans même s'en rendre compte, créé depuis longtemps un véritable métavers bien plus intéressant que ne l'est la promesse de faire du golf en Floride avec le corps de Brad Pitt tout en restant dans son appartement de Villeneuve-

Saint-Georges ou celle de donner un peu de sel aux réunions Zoom. Ce métavers est du reste accessible à tous : il s'agit de l'application « Souvenirs ».
On me permettra de briser le quatrième mur, pour l'occasion. Il y a de cela quelques années, j'étais à la recherche d'informations sur une série télé dont le nom m'échappait (et m'échappe toujours). À force d'errer sur les forums, voilà que je tombe sur le vieux post d'un internaute qui en avait exactement le même souvenir et semblait aussi désemparé que moi. Je m'empresse donc de lui répondre pour lui demander si, depuis le temps, il a trouvé son graal. Je lui envoie même un message privé. C'est en recevant une notification par email que j'ai réalisé ceci : l'autre internaute, c'était moi, en 1999. Je m'étais parlé non à travers l'espace, mais à travers le temps. Ou plus exactement, je m'étais adressé à un autre moi-même, car il est bien évident que le jeunot à peine sorti de la fac de 1999 était bien différent du père de famille de 2015.
Or, l'application « Souvenirs » de Facebook – maintenant que la plateforme a plus de quinze années au compteur – a totalement institutionnalisé cette collision des époques, en gardant des « copies actives » de nous-mêmes. Chaque jour, elle nous met en présence de nos « anciens nous », que l'on ne reconnaît pas toujours bien. Elle nous propose même d'interagir avec ces entités. Reprendre aujourd'hui une discussion politique laissée en plan en 2008, ce n'est pas anodin, car dans celle-ci, les mélenchonistes d'antan peuvent être devenus macronistes en l'espace d'un *scroll*. Plus troublant : on peut même être amené à répondre à des défunts, volontairement ou non. Ainsi, Facebook a fait de chacun de ses membres un « Brian O'Blivion » en puissance, du nom de ce personnage du film *Videodrome* de David Cronenberg qui, bien que mort, continue à mener une vie sociale à travers la somme colossale des enregistrements dont on dispose de lui. Et pour ne rien arranger, puisqu'il est possible d'effacer ou de modifier un commentaire, voire le post de base, on joue en permanence avec l'essence même de la réalité, malléable à volonté. Un métavers qui se joue de l'espace ? Facile et convenu. Se jouer du temps, ça, c'était une autre paire de manches...
La fiction, quand elle aborde le thème de la réalité virtuelle, ne ménage jamais ses efforts pour troubler son public avec cette question : qu'est-ce que la réalité ? Depuis *Matrix* en particulier, on ne sort pas d'une rengaine qui avait débuté avec la littérature fantastique : rêve-t-on ? Rêve-t-on qu'on rêve ? Combien a-t-on imbriqué de poupées russes ? Avant que nous ne nous interrogions sincèrement sur ce point, coiffés de nos Oculus Quest, il faudra vraisemblablement un certain temps.

La question qui se pose n'est pas de définir la réalité, mais plus crucialement la vérité

Dans l'intervalle, la question qui se pose n'est pas de définir la réalité, mais plus crucialement la *vérité*. Les *infox*, même quand elles sont élaborées à coups de *deep fakes*, ne sont jamais que des avatars modernes de la contrefaçon à l'ancienne. Dans le monde tel que Facebook l'a d'ores et déjà redessiné, nous ne sommes plus à la recherche d'une vérité qui nous serait extérieure, mais plutôt de celle – si elle existe – qui validerait l'authenticité de telle ou telle version de nous-mêmes. Le métavers ? Nous y sommes, et il est d'autant plus vertigineux et affolant qu'il n'est, comme beaucoup de grands changements, que le fruit du hasard... et peut-être bien d'une erreur ●

EUGENE WIGNER
LEO SZILARD
FRANKLIN D. ROOSEVELT
ALBERT EINSTEIN
JOSEPH McCARTY

Et si Einstein avait convaincu Roosevelt de renoncer au nucléaire ?

Texte Vincent Edin
Illustration Hector De La Vallée

En 1939, le célèbre physicien cosigne une lettre dans laquelle il appelle le président américain à réagir face au risque de voir l'Allemagne nazie se doter de la bombe nucléaire. Et si, au contraire, il l'avait convaincu de ne pas se lancer dans la course à l'atome ? Le cours de l'histoire aurait-il été différent si l'énergie nucléaire ne s'était pas démocratisée à grande vitesse au cours des Trente Glorieuses ?

Ce qui s'est vraiment passé

Le 2 août 1939, les physiciens nucléaires Leó Szilárd et Eugene Wigner signent une lettre qu'ils font approuver par Albert Einstein. La missive, adressée au président américain Franklin D. Roosevelt, explique que l'Allemagne est à deux doigts de parvenir à mettre au point la bombe atomique et que les États-Unis doivent riposter, notamment en se dotant d'importants stocks d'uranium. Roosevelt suit la science et lance le projet Manhattan, qui aboutira en août 1945, dans le cadre de la Seconde Guerre mondiale, au bombardement nucléaire des villes japonaises d'Hiroshima et de Nagasaki. Depuis cette date, aucune autre bombe nucléaire n'a été lancée, mais les recherches en la matière se sont poursuivies, débouchant sur la construction de centrales nucléaires civiles pour produire de l'énergie, d'abord aux États-Unis et en France, puis en Chine et en Inde notamment. Malgré les accidents dans les centrales de Three Mile Island (1979), Tchernobyl (1986) et Fukushima (2011), et la question sensible du stockage des déchets, le nucléaire apparaît comme une énergie décarbonée pouvant se révéler précieuse dans le mix énergétique face au péril du réchauffement climatique.

Extraits du tome IV de la Brève histoire de l'énergie *de l'historien russe Valeri Legassov (Superphénix éditions, 2047).*

Dans la foulée des premières découvertes de Marie et Pierre Curie, les avancées sur le potentiel énergétique et militaire du nucléaire se multiplient. À l'orée de la Seconde Guerre mondiale, les physiciens Leó Szilárd et Eugene Wigner signent une lettre alertant Franklin D. Roosevelt sur l'imminence de la découverte d'une arme nucléaire par l'Allemagne nazie. Albert Einstein promet de parapher le document et de le remettre en main propre au président américain, mais, au dernier moment, sur le perron de la Maison-Blanche, au micro de CBS, le Prix Nobel de physique s'exclame : « *Tout est relatif... sauf le nucléaire ! Cette énergie condamne l'humanité tout entière à une mort certaine ! Le largage d'une seule bombe atomique pourrait suffire pour rayer la Californie de la carte. Les nazis posent d'autres problèmes, mais mes contacts à Berlin et à Moscou me confirment que personne n'est au point sur le sujet. Alors n'ouvrez pas la boîte de Pandore, monsieur le président, et interdisez toute recherche sur le nucléaire !* »

Roosevelt écoute Einstein et parvient à faire modifier la Constitution pour y ajouter « *l'interdiction des expérimentations sur le nucléaire à des fins militaires ou civiles* ». Les magnats du pétrole, inquiets d'une possible concurrence déloyale des puissances étrangères, soutiennent activement le président. Ainsi naît un consensus national qui va tenir près de cinquante ans.

Roosevelt considère que personne sur la planète ne doit avancer sur le nucléaire, faute de quoi le leadership géopolitique américain risquerait d'être remis en cause. En décembre 1941, après le bombardement de Pearl Harbor et alors que les Français résistants, les Anglais et les Russes le conjurent d'entrer en guerre, Roosevelt conditionne le soutien de l'armée américaine à la ratification par les différents Alliés d'un traité aussi sévère que celui adopté par les États-Unis. À genoux après deux ans d'un conflit meurtrier, Staline, Churchill et de Gaulle obtempèrent.

Prison à perpétuité pour Asimov

Au sortir de la Seconde Guerre mondiale, les États-Unis occupent une position hégémonique grâce à l'exploitation du pétrole. Les rumeurs sur l'existence d'un programme de recherche secret soviétique sur le nucléaire provoquent l'ire des présidents Truman puis Eisenhower, qui se lancent dans une chasse aux sorcières féroce. Des physiciens seront exécutés en direct à la télévision en 1951, quelques semaines seulement après l'apparition des premières émissions en couleur. Le sénateur Joseph McCarthy décide d'aller plus loin, condamnant aussi les apologies de cette énergie dans des œuvres de fiction. Il exhume notamment *Fondation*, cycle de romans d'Isaac Asimov dans lequel les plus évolués des humains du futur se déplacent grâce au nucléaire, quand les utilisateurs d'énergies fossiles sont vus comme d'horribles arriérés. L'écrivain est condamné à la réclusion criminelle à perpétuité pour « *apologie du terrorisme énergétique* ». Il n'écrira plus jamais la moindre ligne.

Ces arrestations à répétition découragent les savants de se lancer dans la recherche sur le nucléaire. En 1960, lors de sa création, l'Organisation des pays exportateurs de pétrole (Opep) prévoit un budget de lobbying impor-

tant pour relayer la vigilance contre les voix pro-nucléaire qui commencent à émerger dans les médias. Dans de courtes vidéos de propagande-fiction diffusées au cinéma juste avant les films, Hollywood met à disposition ses costumes de films d'horreur pour habiller des comédiens grimés en ouvriers ayant survécu à l'explosion d'une centrale nucléaire. Partout dans le monde, les vidéos de ces acteurs agonisant dans des râles improbables sous l'effet des radiations – les bruiteurs de *King Kong* ont été mis à contribution – réussissent à effrayer les populations. Côté soviétique, on fulmine sans trouver la parade.

Gigantesque oléoduc méditerranéen

En 1958, de Gaulle revient au pouvoir en France. Ses opposants sont persuadés que le général devenu président va accorder son indépendance à l'Algérie, comme le Maroc et la Tunisie deux ans plus tôt. Mais de Gaulle fait volte-face : en dépit de l'installation de plusieurs barrages hydroélectriques, la France manque d'énergie et risque de s'exposer l'hiver à des black-out à répétition. Il apparaît que la meilleure solution est de livrer l'Hexagone en pétrole directement d'Algérie à Marseille, via un gigantesque oléoduc. Les indépendantistes algériens sont durement réprimés par de nouveaux contingents de militaires français qui contrôlent les zones d'extraction.

En 1965, François Mitterrand, premier adversaire de De Gaulle lors de l'élection du président au suffrage universel direct et tenant de l'indépendance de l'Algérie, propose un retrait des troupes moyennant un bail centenaire d'exploitation – personne ne veut renoncer à la manne. Pompidou continue sur la même voie, mais lorsque survient le choc pétrolier, en 1971, ce dernier est pris d'un vent de panique à l'idée que la poule aux œufs d'or ne se transforme en fardeau politique. En quelques minutes, il signe plusieurs décrets mettant fin à l'Algérie française. La rente pétrolière est alors laissée à l'entreprise algérienne Sonatrach, qui rencontre l'aide providentielle des Américains. Quand Valéry Giscard d'Estaing arrive au pouvoir en 1974, la France est dans une situation financière délicate. Le nouveau président réussit à inverser la tendance en relançant la croissance française et l'indépendance énergétique grâce aux exploitations de gaz de schiste dans la Drôme, l'Ardèche et le Gard. Le rétablissement de l'économie est si spectaculaire qu'en 1981 VGE écrase Mitterrand, pour qui cette troisième défaite électorale est celle de trop : le candidat socialiste se retire de la vie politique pour aller écrire des romans à l'érotisme mièvre.

« Une avancée venue de Salekhard »

VGE propose en 1986 d'exploiter le gaz de schiste là où les principales réserves nationales sont identifiées, en Île-de-France. Retournement unanime des médias, qui apprécient modérément que des forages aux conséquences sanitaires encore incertaines puissent avoir lieu à deux pas de la capitale. VGE, qui a perdu de sa superbe, se fait laminer à la présidentielle de 1988 par le nouveau candidat du Parti socialiste, le fringant quinquagénaire Lionel Jospin. Tout juste arrivé au pouvoir, ce dernier rend un moratoire interdisant l'exploitation de gaz de schiste et, en guise d'alternative, déclare faire confiance à « *une avancée scientifique majeure en matière énergétique venue de Salekhard* », une ville du nord de la Russie réputée pour son froid arctique. Avant d'entrer en juin 1988 au gouvernement de la « gauche plurielle », Georges Marchais, secrétaire général du Parti communiste, s'était rendu sur place en catimini, dans le cadre d'un voyage d'étude, à l'occasion de l'inauguration de

la centrale de Salekhard, qui alimente en énergie plusieurs millions de foyers russes. En Europe, l'URSS ne fait plus peur depuis longtemps. La proposition de Jospin est accueillie avec circonspection, mais sans colère excessive. Les États-Unis « *prennent acte* » de la trahison mais ne menacent pas leur allié de sanctions car l'exploitation du gaz de schiste sous Reagan a littéralement ravagé les pâturages de la côte Est. Le coût écologique est tel que George W. Bush senior, lorsqu'il arrive au pouvoir en 1989, ne nie pas une certaine tempérance à l'égard de l'énergie nucléaire.
Dans le même temps, la propagande soviétique retrouve son allant de l'époque de Stakhanov. Les panégyriques sur les ouvriers des centrales, bien payés et en pleine santé, font définitivement ployer les investissements dans le pétrole. La ville de Salekhard est elle-même en pleine expansion, notamment grâce aux efforts du régime qui octroie et brade les permis de construire sur tout le littoral pour démystifier l'idée selon laquelle vivre à côté des centrales serait dangereux. Au milieu des années 1990, avoir une datcha à Salekhard devient le must pour tous les néo-oligarques russes.

« Nuke them all »

La guerre froide à peine terminée, les États-Unis reprennent leurs « guerres du pétrole » en prétextant l'anecdotique invasion du Koweït par l'Irak. Mais leur tentative de coalition échoue car Lionel Jospin et Helmut Kohl s'y opposent, dénonçant d'une même voix « *une guerre ayant pour seul but de mettre la main sur du pétrole, une énergie sale et mortifère que nous devons cesser urgemment d'utiliser* ». La stratégie franco-allemande est cristalline : ils ont accepté la main tendue par Boris Eltsine pour les aider à sortir des énergies fossiles grâce au nucléaire. Les experts du Groupe d'experts intergouvernemental sur l'évolution du climat, fondé en 1988, se rendent à Salekhard et hurlent au génie : la toute première centrale nucléaire russe produit une électricité abondante, facile à acheminer, non intermittente et n'émettant quasiment pas de CO_2. Dans le premier rapport de son histoire, le Giec avance que « *seul un recours massif au nucléaire à l'échelle mondiale permettrait de lutter efficacement contre le réchauffement climatique* ».

Vainqueur de l'élection américaine de 1992, Bill Clinton tourne le dos au lobby du pétrole qui, de toute façon, ne finançait pas sa campagne, et décide de surenchérir sur l'Europe et la Russie avec l'adoption du programme « Spring of nuclear plants », qui prévoit l'installation sur le sol américain de cinquante centrales en dix ans. À la clé : des milliers de nouveaux emplois et une facture énergétique divisée de plus de 39 % pour les foyers américains. De quoi mettre en orbite « Atomic Bill » pour sa réélection en 1996 face au républicain Bob Dole, qui s'acharne à vouloir ramener le pétrole dans le jeu... Après la cuisante défaite de ce dernier, les militants démocrates tapissent les rues d'affiches de Bob Dole, la mine déconfite et surmontée du slogan « It's the nuke economy, stupid ! ». Plutôt que de s'engluer dans des guerres onéreuses en pertes humaines comme en dollars, Clinton invente la diplomatie de l'atome en finançant de grands programmes de transfert de compétences en matière de nucléaire vers les pays producteurs de pétrole, pour éviter que les régimes concernés ne soient déstabilisés par la perte de la manne noire.
L'année suivante, la Russie confirme son leadership sur le sujet en organisant la conférence de Tchernobyl, qui doit statuer sur les challenges à relever pour cette industrie en plein essor. Afin de s'attirer les bonnes grâces de l'opinion publique, le maire de Tchernobyl se déclare favorable à l'installation chez lui du plus grand site d'enfouissement de déchets nucléaires au monde, « à l'*innocuité certaine* », précise-t-il.

Pas d'accident ou presque

L'essor mondial du nucléaire s'accompagne, en plus d'une baisse sensible des émissions de CO_2, d'une envolée spectaculaire des progrès médicaux et sanitaires. Outre les propriétés les plus connues en matière de radiographie (notamment les fameuses « imageries par résonance magnétique »), la médecine nucléaire offre des améliorations dans la lutte contre le cancer en s'appuyant sur des traitements permettant d'éviter une mort certaine. Dans les années 2000, près de 40 millions de personnes à travers le monde y ont recours en moyenne chaque année pour lutter contre le dérèglement de la thyroïde ou traiter certains cancers. En outre, il est établi que les radiations des fruits et légumes (à dose infinitésimale) jouent un rôle important dans la diminution de la transmission de maladies comme la salmonelle.

Moins polluante, moins chère, précieuse sur le plan sanitaire et source d'accords diplomatiques plus que de conflits interétatiques, l'énergie nucléaire semble « *avoir mis tout le monde d'accord* », comme le confie en 2009 au *New York Times* le secrétaire général des Nations unies. Le seul point de tension qui suscite encore, çà et là, quelques crispations et manifestations d'activistes, concerne l'enfouissement des déchets dits « à durée de vie longue ». Mais l'impact écologique positif de l'énergie nucléaire est tel que les opposants politiques à cette énergie vont de défaite en défaite.

Mieux, le nucléaire civil parvient à se développer sans le développement, en parallèle, de programmes militaires – du moins tant que la recherche demeure dans le cadre des traités. L'Afrique du Sud a développé la bombe avant d'y renoncer, tandis que le Pakistan s'est engagé à ne jamais l'utiliser. Les avancées iraniennes, elles, sont sous le contrôle des observateurs de l'Onu. Seule exception : la Corée du Nord, où l'autarcie et l'endogamie folle du régime rendent la situation plus que périlleuse.

La sûreté des centrales nucléaires est l'autre fait majeur de ce début de XXIe siècle. Durant plus de trente ans, aucun accident n'est à signaler. Jusqu'à 2018. Dépassée techniquement et politiquement par l'ampleur d'une fuite importante dans la principale centrale du pays, celle de Taishan, le pouvoir chinois, aux abois, cherche un moyen de faire diversion avant que la presse étrangère ne réalise la portée du scandale sanitaire et écologique en cours. En septembre 2040, sur son lit de mort, le président Xi Jinping finira par confirmer ce qui ne fut longtemps qu'une rumeur : oui, c'est bien lui qui, presque vingt ans plus tôt, avait ordonné aux virologues du laboratoire P4 de Wuhan de faire fuiter un coronavirus alors inconnu, dans l'espoir qu'une pandémie refroidisse les ardeurs investigatrices de l'OMS et des journalistes plus vite que le réacteur de la centrale de Taishan…

Chronologie imaginaire

1939

Einstein parvient à convaincre Roosevelt d'abandonner les recherches sur le nucléaire, qui pourraient notamment déboucher sur la mise au point d'armes dangereuses pour la sécurité internationale.

1941

À la suite de l'attaque de Pearl Harbor, Roosevelt conditionne l'entrée en guerre du pays à l'abandon des recherches sur le nucléaire par tous les pays alliés.

1950

Lors de son discours au Congrès sur les *« ennemis de l'intérieur »*, le sénateur Joseph McCarthy déclare traquer sur le sol américain les scientifiques travaillant en secret sur le nucléaire au profit des Soviétiques.

1986

Inauguration, tenue secrète à l'époque, de la centrale soviétique de Salekhard, qui permet d'alimenter à elle seule plusieurs millions de foyers russes.

1992

Le président russe annonce le lancement d'un important programme de construction de centrales nucléaires pour *« décarboner le monde »*. Ses homologues français et allemand, Lionel Jospin et Helmut Kohl, lui emboîtent le pas avec le projet Euranium.

1993

Conférence de Tchernobyl sur l'expansion mondiale du nucléaire. Comme gage de l'innocuité de cette énergie, la ville voisine de Pripiat accueille le plus grand centre d'enfouissement de déchets nucléaires au monde.

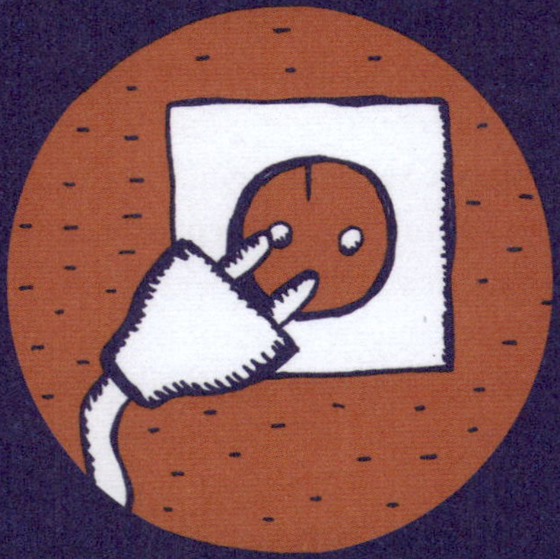

1997

Sur les conseils de Jean-Marc Jancovici, nouveau ministre de l'Énergie du gouvernement socialiste, la France lance un grand plan d'exportation de sa technologie nucléaire aux pays producteurs de pétrole.

2015

La COP21 organisée à Paris sera la dernière, les émissions mondiales de gaz à effet de serre étant sur une trajectoire descendante et le recours aux énergies fossiles désormais anecdotique. Les chefs d'État fêtent cela en sautant dans la Seine, désormais ouverte à la nage.

2021

Elon Musk et Jeff Bezos se lancent dans un concours de création de centrales nucléaires au design turgescent, destinées à être installées sur la Lune *« avant 2030 »*.

Afin de s'assurer de la plausibilité du récit uchronique que vous venez de lire, nous l'avons soumis à deux expertes de l'énergie nucléaire qui ont accepté d'en décrypter les enjeux.

Cécile Maisonneuve
Conseillère énergie auprès du Centre Énergie de l'Institut français des relations internationales (Ifri) et ancienne du groupe Areva.

« Le fait d'anticiper le choc pétrolier et la prise de conscience du réchauffement climatique est évident. Sans énergie nucléaire, le recours encore plus massif aux énergies fossiles aurait poussé le sujet de façon prégnante. On l'oublie trop souvent, mais le rôle du nucléaire est bien renseigné dans l'atténuation du réchauffement climatique : selon l'Agence internationale de l'énergie, le recours au nucléaire a permis d'éviter l'émission de 70 gigatonnes de CO2. L'autre point important du récit est l'interrogation finale sur les accidents. La technologie n'est pas en cause. Aussi, le fait d'avoir des centrales plus récentes ne nous prémunit pas contre les risques. Comme les accidents d'avions, les accidents nucléaires ont un facteur humain. Celui de Three Mile Island en 1979 est dû à une erreur humaine, comme Tchernobyl où les dysfonctionnements tiennent à l'organisation et à l'absence d'écoute du directeur de la centrale, qui aurait pu considérablement limiter les dégâts. Quant à Fukushima, on peut considérer qu'il y a eu un manque de vigilance de la part des autorités japonaises, dans la mesure où des experts indépendants avaient déclaré qu'en cas de tsunami il fallait construire un mur haut de 14 mètres et non pas de 9 mètres. Cela aurait suffi à protéger la centrale. La sûreté nucléaire repose sur trois choses : la technologie, les procédures et la supervision humaine. Mais la montée en gamme de la première ne permettra jamais d'éradiquer complètement le risque d'accident. »

Myrto Tripathi
Fondatrice et présidente de l'ONG Les Voix du Nucléaire.

« Un point essentiel de ce texte est de rappeler que l'énergie nucléaire est factrice de paix : sortir de l'utilisation des énergies fossiles, au-delà de l'intérêt climatique primordial, c'est affirmer son autonomie géopolitique. Le pétrole et le gaz ont un potentiel conflictogène certain, car leur part très importante dans le prix final de l'énergie utilisée et leurs nombreux usages les rendent stratégiques. De plus, ils s'exportent et se prélèvent aisément sans l'appui des populations locales. Le nucléaire est, à cet égard, facteur de pacification : la connaissance est de loin la ressource qu'il consomme le plus, les technologies doivent être transmises localement, et enfin l'énergie produite est dépensée sur place au bénéfice des populations attenantes, dont elle requiert la collaboration. Si on avait développé plus largement le nucléaire dès 1947, cela aurait pu mettre fin à la bipolarité du monde en accompagnant les grands pays non alignés vers l'autonomie, tout en limitant la crise climatique dont les énergies fossiles sont aussi à l'origine. » •

« Aujourd'hui, on délaisse la part de créativité inhérente à la recherche scientifique »

Dans quelles conditions la science est-elle produite ? Et comment évaluer sa fiabilité ? On en parle avec Philippe Huneman (philosophe des sciences, directeur de recherche à l'Institut d'histoire et de philosophie des sciences et des techniques à l'université Paris I Panthéon-Sorbonne) et Sylvie Catellin (maître de conférences honoraire en sciences de l'information et de la communication à l'université de Versailles).

Propos recueillis par Élisa Thévenet
Photographies Zoé Ducournau

Avec la crise sanitaire, la recherche scientifique s'est trouvée propulsée au cœur du débat public. D'après les données de l'Ina, entre décembre 2019 et mars 2020, près de 75% du temps d'antenne a ainsi été consacré au coronavirus et à ses conséquences, soulignant brutalement le manque de culture scientifique de nos sociétés ultra connectées. Deux camps se sont affrontés : les tenants d'une défiance excessive et les apôtres d'une conception dogmatique de la science. Deux extrêmes qui s'enracinent dans la même méconnaissance du processus qui structure l'élaboration des vérités scientifiques.

Page de gauche
Sylvie Catellin et Philippe Huneman dans le laboratoire du Centre de recherches interdisciplinaires (CRI), à Paris.

Alors que l'imaginaire complotiste tend à confisquer le débat public, *Usbek & Rica* a voulu interroger les conditions de production de la science en croisant l'expertise de deux chercheurs. Philippe Huneman est philosophe des sciences et directeur de recherche à l'Institut d'histoire et de philosophie des sciences et des techniques (université Paris I Panthéon-Sorbonne). Il étudie l'instrumentalisation idéologique de la science. Sylvie Catellin, maître de conférences honoraire en sciences de l'information et de la communication à l'université de Versailles, s'intéresse quant à elle à l'importance de la sérendipité dans les découvertes scientifiques et défend la libération de la recherche des injonctions de productivité. Ensemble, ils discutent des enjeux auxquels se confronte aujourd'hui la science.

Usbek & Rica Dans quelle mesure la pandémie de Covid-19 a-t-elle replacé la recherche scientifique dans le débat public et posé la question de son efficacité ?

Sylvie Catellin La pandémie a révélé les carences de notre système de financement de la recherche. On a investi énormément d'argent dans les biotechnologies, mais on a laissé se perdre des pans entiers de la recherche fondamentale, notamment sur l'origine des virus, sur leur chaîne de transmission ; des connaissances qui font cruellement défaut aujourd'hui.

Philippe Huneman On a arrêté de financer les recherches sur les coronavirus parce qu'on n'avait pas identifié de souche susceptible de produire une épidémie. On n'a pas donné aux chercheurs les moyens de faire de la science parce qu'ils ne répondaient pas à une question urgente. Mais si on a trouvé un vaccin ARN contre le Covid-19 en dix mois, c'est parce que ça fait vingt ans que des scientifiques travaillent sur le principe des vaccins à ARN. Or, ces recherches appartiennent à la recherche fondamentale, elles ne visaient pas à répondre à un problème sociétal précis. La crise du coronavirus a révélé les failles de notre système de financement par projet.

U&R Les conditions de financement se sont donc dégradées au cours des vingt dernières années...

P.H. Aujourd'hui, lorsque vous soumettez un projet à l'Agence nationale de la recherche – qui est le principal financeur français –, vous vous inscrivez sous une rubrique « défi » : « numérisation de la société », « vigilance et sécurité », etc. Des questions proches de celles qui font l'actualité. Mais la temporalité de la science n'est pas celle du fait d'actualité, il est impossible de prédire tout ce qui va être important pour la société dans dix ans. On l'a vu avec le Sars-CoV-2 : en quelques mois, la communauté scientifique française a produit plus de 60 000 articles sur le Covid-19 dans toutes les disciplines. Un grand nombre de chercheurs, y compris ceux qui n'avaient pas grand-chose à voir avec les virus, ont déposé des projets parce que c'est là qu'étaient les financements. Ce n'est pas un fonctionnement durable et robuste pour la science. On ne peut pas réorienter toute la recherche chaque fois qu'il y a une crise.

S.C. Ce mode de financement a commencé à gagner du terrain dans les années 1990. À l'époque, je travaillais au CNRS, que le monde nous enviait justement parce que c'était un organisme de recherche fondamentale où les chercheurs jouissaient d'une certaine liberté. Aujourd'hui, les acteurs qui financent l'essentiel de la recherche privilégient les projets à court terme planifiés autour d'objectifs prédéfinis. Ils demandent de définir à l'avance les résultats de la recherche, ce qui est complètement paradoxal et contre-productif.

P.H. C'est paradoxal du point de vue de la science, mais c'est un système, modelé sur la recherche appliquée, qui génère de l'argent parce qu'il produit tout un tas de brevets. Le CNRS propose depuis quelques années des formations à ses chercheurs pour leur apprendre à monter des start-ups et à valoriser industriellement leurs recherches. Il favorise même les partenariats avec les industries et les think tanks. Aujourd'hui, il faut se poser une question essentielle : qui doit financer la recherche ? Les fonds publics se raréfient, donc de plus en plus de recherches sont portées par des acteurs privés. Prenez le think tank chrétien Templeton : derrière son discours de neutralité et l'apparente hétérogénéité des études qu'il finance, Templeton a tendance à pousser des thèmes qui sont en accord avec son agenda théologique. On le voit aussi avec Bayer-Monsanto et le glyphosate. Il ne s'agit pas de dire naïvement que parce qu'ils financent la recherche, ils dictent aux scientifiques les résultats – ce serait de la fraude (même si c'est évidemment déjà arrivé). Mais la stratégie du groupe consiste, depuis quinze ans, à investir énormément dans les projets qui étudient les risques médicaux (qui sont ténus) plutôt que les risques écologiques (qui sont énormes). Le financement dicte l'objet de l'attention scientifique et oriente celle du grand public.

U&R Quelles conséquences l'introduction de ces objectifs de productivité a-t-elle eues sur la recherche ?

P.H. Qui dit financement par projet dit système d'évaluation. C'est un fonctionnement hérité du néolibéralisme, donc le critère le plus important est la quantité de publications et le nombre de citations. On s'inquiète que les Chinois publient plus que nous, mais c'est assez facile de sortir un très grand nombre d'articles, on l'a vu avec l'équipe de Didier Raoult qui a signé plus de 3 800 articles en quelques mois... À partir du moment où vous dites : « Le but de notre système de recherche, c'est de battre les Chinois en matière de nombre de publications », vous avez déjà laissé de côté la qualité de la science et le bien-être des chercheurs. C'est un système qui n'incite pas à explorer. La recherche exploratoire peut être fausse ou ratée. Or aujourd'hui, aucun acteur de la recherche n'a intérêt à prendre ce risque.

« Le financement dicte l'objet de l'attention scientifique et oriente celle du grand public »

Philippe Huneman, philosophe des sciences

S.C. La recherche actuelle vise à améliorer des choses existantes. On met beaucoup d'argent sur l'innovation, sur les projets qui ont des débouchés économiques, mais il y a peu de grandes découvertes. La recherche est tellement planifiée, et soumise à de telles exigences de résultats, que les chercheurs n'ont ni l'espace ni les moyens de creuser les pistes croisées au cours de leurs expérimentations. Ils n'ont pas le temps de faire de détours. Or, ce sont ces détours qui mènent aux grandes découvertes.

U&R Il y a peu de place pour la découverte spontanée, celle que vous théorisez, Sylvie Catellin, sous le concept de « sérendipité » dans votre ouvrage *Sérendipité : du conte au concept* (Seuil, 2014). Est-ce qu'Alexander Fleming pourrait découvrir la pénicilline aujourd'hui ?

S.C. Il y a eu un grand débat aux États-Unis, après la Seconde Guerre mondiale, sur les conditions de production et de financement de la recherche. Pour le biologiste et médecin Alexander Fleming, on ne peut pas programmer la recherche fondamentale parce que la plupart des découvertes se font de manière imprévisible, au détour d'une expérience ou d'une erreur. Comme dans l'art, les chercheurs doivent avoir la possibilité de suivre librement les phénomènes qu'ils observent et qui leur paraissent intéressants. C'est le concept même de sérendipité *[qui repose sur la rencontre entre un phénomène inattendu et l'étonnement de celui qui en est témoin, ndlr]*. On délaisse aujourd'hui totalement la part de créativité inhérente à la recherche scientifique. On demande à nos scientifiques d'annoncer à l'avance ce qu'ils vont trouver, c'est aberrant ! Si on sait ce qu'on va trouver, c'est qu'on l'a déjà découvert ! La recherche planifiée nuit à la créativité et à la sérendipité.

U&R On associe rarement science et créativité. Pourtant, Aristote écrivait déjà au IVe siècle avant J.-C. : *« La science consiste à passer d'un étonnement à un autre. »* On retrouve dans cette phrase l'idée du mouvement perpétuel…

S.C. La capacité à s'étonner, et à interpréter ce qui étonne, joue un rôle fondamental dans le processus de découverte. Si Fleming avait jeté ses cultures moisies, comme il est d'usage dans ce cas-là, s'il ne s'était pas étonné de leur aspect, il n'aurait pas découvert la pénicilline. La science cherche la vérité pour la remettre constamment en cause, c'est ce qui la fait avancer. Elle repose sur la remise en question permanente de nos connaissances. Les scientifiques cherchent à comprendre

« On demande à nos scientifiques d'annoncer à l'avance ce qu'ils vont trouver, c'est aberrant ! »

Sylvie Catellin, maître de conférences en sciences de l'information

les phénomènes. Or actuellement, on vise plus l'innovation et la rentabilité que la compréhension. La science est pervertie par l'environnement industriel et économique.

P.H. L'idée que la science dit la vérité sur le monde est une question ouverte qui obsède la philosophie des sciences. Les tenants du réalisme scientifique pensent que la science travaille à dire la vérité sur le monde. En bref, pour eux, il existe des électrons. Leurs ennemis - les instrumentalistes, les pragmatistes, les empiristes - considèrent que le concept d'électron est ce qu'on a trouvé de mieux pour donner sens à toute une masse d'observations et d'expériences sur la constitution élémentaire de la matière. Mais ils estiment qu'on ne saura jamais ce qu'il y a ultimement dans le monde.

S.C. Les énoncés scientifiques sont réfutables et le consensus peut changer.

P.H. C'est vrai. Contrairement au régime du fait quotidien, journalistique, le régime de vérité scientifique est faillibiliste, il est ouvert à des changements plus ou moins radicaux. Cela étant, on doit faire une différence entre le contenu sédimenté de la science et la science en train de se faire. Il y a quand même des découvertes sur lesquelles on ne revient pas. Nous n'avons plus la même notion de vitesse, de temps et d'espace que Galilée, mais on ne reviendra jamais à une science où la Terre est au centre de l'Univers. Si on s'interroge aujourd'hui sur le poids à attribuer à la sélection naturelle par rapport à d'autres processus, on ne reviendra jamais à une biologie qui soutient que les espèces ont été créées les unes à côté des autres. Cette irréversibilité tient lieu de consensus scientifique. La posture scientifique, c'est un équilibre entre le scepticisme et la déférence.

U&R La crise sanitaire a mis en évidence le difficile dialogue entre le grand public et les scientifiques. Comment l'expliquer ?

S.C. Il y a une grande confusion autour de la pandémie, liée au fait qu'on n'a pas eu le temps de

discuter des études publiées à l'intérieur de la communauté scientifique paritaire. Elles sont directement passées au grand public. Le temps nécessaire à la discussion scientifique a été court-circuité par le besoin urgent d'obtenir des réponses.

P.H. Avec l'inflation extrêmement rapide de la quantité de publications sur le Covid-19, le message scientifique est vite devenu inaudible. Les gens s'engueulaient à coups de références à des articles – souvent des *preprints* auxquels ils ne comprenaient rien. Il faut être dans le milieu pour savoir ce qu'est un *preprint [la version que soumet un chercheur au comité de rédaction d'une revue scientifique, ndlr]*, pourquoi il n'est pas aussi robuste qu'un article publié, pourquoi même un article publié n'est pas parole d'évangile, pourquoi il faut lire la littérature sur un sujet récent et ne pas se contenter d'une étude. On s'est retrouvés avec une production énorme de bruit, et ce bruit a été repris par le grand public avec des effets délétères catastrophiques.

U&R L'industrie de la désinformation instrumentalise désormais la recherche. Quelles solutions esquissez-vous pour restaurer le statut de la science ?

S.C. La science est un processus. Il faudrait démocratiser notre culture du débat et de la discussion. Certains organismes publics organisent par exemple des *disputatio* dans le cadre d'actions de médiation scientifique. Aujourd'hui, on fait de l'histoire de l'art à l'école, mais pas d'histoire des sciences, or c'est une discipline fondamentale pour comprendre la science d'aujourd'hui !

P.H. La culture Internet fonctionne par mots-clés. Le tag signale une appartenance à un groupe. L'argument, lui, pose une assertion, c'est une posture vis-à-vis de la vérité. Dans nos sociétés ultra connectées, ce fonctionnement algorithmique par collecte de tags s'oppose à la culture de l'argumentation. Actuellement, en sciences, on apprend surtout des choses par cœur. Il faudrait que, dans l'éducation, cette pratique de la *disputatio* soit plus prégnante. D'ailleurs, ce ne serait pas une mauvaise idée de diffuser cette hygiène du processus argumentatif dans les débats politiques ●

« ICI, AU SALVADOR, ON ACCEPTE LE BITCOIN »

Texte Louise Cognard
Illustrations Yann Le Bec

Depuis le 7 septembre 2021, les habitants du plus petit pays des Amériques peuvent payer leurs achats quotidiens en bitcoin. La crypto-monnaie est devenue la devise officielle du Salvador, au côté du dollar US. Une première mondiale. Mais le bitcoin est-il vraiment utile aux Salvadoriens ? Pour le savoir, rien de mieux que de se rendre sur place, à la rencontre des *early adopters*.

Au Salvador comme dans les pays voisins d'Amérique centrale, le *chicken bus* est une institution. Dans une autre vie, ces vieux bus jaunes tout droit sortis d'un épisode des *Simpson* transportaient des générations de lycéens nord-américains. Ici, les cars scolaires sont recyclés et « tunés » avec des couleurs vives et des sonos surpuissantes. De la capitale San Salvador à la côte Pacifique, prisée par les surfeurs du monde entier, le trajet coûte 0,59 dollar US. Avec une dextérité hallucinante, le chauffeur farfouille dans sa caisse pour rendre la monnaie au cent près. Il faut encore payer en monnaie sonnante et trébuchante. Prédicateurs, clowns et marchands ambulants se pressent dans le bus avant son départ. Un vendeur de chewing-gums termine son laïus en précisant : *« Vous pouvez évidemment me payer en bitcoin. »* La blague fait mouche parmi les voyageurs.

Portefeuille « trop cool »

Voilà trois semaines que le président Nayib Bukele a promis que les Salvadoriens pouvaient désormais régler leurs dépenses courantes avec cette crypto-monnaie. Chaque citoyen est invité à télécharger l'application Chivo Wallet sur son smartphone. Au Salvador « que chivo » est une expression pour dire « trop cool ». Cette appli sert de portefeuille électronique, à l'image de Google Pay ou d'Apple Pay, à la différence près que l'utilisateur

Le gouvernement du Salvador a investi l'équivalent de 195 millions de dollars en bitcoin

peut « charger » des dollars US, mais aussi des bitcoins. Il lui suffit ensuite de scanner le QR code du supermarché ou de la station essence avec son smartphone pour réaliser une transaction.
Trois semaines après la création de l'application, le président a annoncé sur Twitter qu'elle avait été téléchargée par plus de 2,73 millions d'internautes, soit presque la moitié de la population du Salvador. Cet engouement n'est pas compliqué à comprendre : à chaque fois qu'un Salvadorien ouvre un compte Chivo Wallet, il reçoit l'équivalent de 30 dollars US en bitcoin. Il peut choisir de dépenser cette somme directement en bitcoin ou bien de convertir son *wallet* en dollars US. En 2019, 22 % de la population du pays vivait avec moins de 5 dollars par jour. Alors 30 dollars, c'est beaucoup. Cela veut dire aussi que le gouvernement du Salvador a investi l'équivalent de 195 millions de dollars en bitcoin. Ma voisine de bus, Maria Gumer Sinda Escobar de Pineda, vient de s'acheter un couple de perroquets qui ne cessent de chanter du fond de leur boîte en carton. À 71 ans, elle travaille comme employée de maison sur la côte Pacifique. Avec un grand sourire, elle m'explique qu'elle n'a pas de smartphone. Mais elle voulait quand même récupérer les 30 dollars, alors elle a fait appel à un « intermédiaire » qui lui a demandé une commission de 5 dollars. En 2017, selon l'institut Statista, seulement quatre Salvadoriens sur dix possédaient un smartphone. Si ce chiffre a forcément augmenté depuis, beaucoup sont encore obligés de faire appel à des proches ou à des petits malins qui ont bien compris comment faire du business avec le Chivo Wallet.

« Bitcoin Beach »

Sur la côte, un lieu a beaucoup fait parler de lui : la playa del Zonte. Même la BBC est venue faire un reportage sur ce berceau du bitcoin. A priori, rien ne distingue cette plage de surfeurs des autres, si ce n'est le logo du bitcoin peint sur les poubelles alignées dans la rue, le long des hôtels et des *cabañas* pour touristes. Une façade immaculée siglée avec le fameux $ attire le regard. À l'intérieur, une femme de 21 ans vend des T-shirts et des casquettes « Bitcoin Beach » au profit de l'ONG Casa Esperanza, qui s'occupe des enfants du village. Née à Playa del Zonte, la jeune Salvadorienne souhaite rester anonyme. L'arrivée du bitcoin dans la commune il y a deux ans a changé sa vie. Elle travaille comme comptable pour l'ONG et reçoit un salaire de 320 dollars US versé en bitcoin, qui lui permet de poursuivre ses études universitaires en ligne. Comme des dizaines de jeunes du village, elle a bénéficié de la générosité d'un donateur qui n'a jamais révélé son identité. Ce dernier exige que l'argent soit seulement dépensé en bitcoin.
Les commerces se sont adaptés. Dans toutes les

supérettes, on peut payer en crypto-monnaie. Au bar de plage La Zonteña, un panneau affiche fièrement *« Ici, on accepte le bitcoin »*. Mais tous les habitants du coin ne sont pas du même avis. Un hôtelier explique qu'il exige un surcoût de 5 % lorsqu'un client paie avec la crypto-monnaie : *« Je me méfie des fluctuations du bitcoin. »* Son prix est extrêmement volatil, la valeur d'un envoi pouvant changer en l'espace de quelques minutes. Comme pour tout actif financier, celle-ci évolue en fonction de l'offre et de la demande sur le marché. Pourtant, malgré les variations quotidiennes, la valeur de la crypto-monnaie n'a cessé d'augmenter depuis sa mise en circulation. En 2009, à sa naissance, le bitcoin s'échangeait pour moins d'un dollar. En 2021, il dépasse les 65 000 dollars. Une *success story* qui plaît à Nayib Bukele, le jeune président disruptif du Salvador.

Le Macron latino

Celui qui se définit comme *« ni de droite, ni de gauche »* soigne son image de Macron à la sauce latino. Élu en 2019, il a mis fin à vingt-six ans d'alternance gauche / droite entre les deux grands partis salvadoriens, le Front Farabundo Martí de libération nationale (FMLN), l'ancien mouvement révolutionnaire de gauche, et la droite de l'Alliance républicaine nationaliste (Arena). Depuis, il surfe sur son image de président moderne et décontracté. Sur son profil Twitter, il se décrit comme *« el dictador mas chivo del mundo »*, « le dictateur le plus cool du monde ». Un autoportrait ironique qui reflète l'avis de ses opposants. Afin de pouvoir candidater à un deuxième mandat consécutif, ce qui était jusque-là interdit par la Constitution, Nayib Bukele n'a pas hésité à changer la loi. Pas de quoi remettre en cause sa popularité, qui continue d'avoisiner les 80 % selon différents sondages.
À l'international, les grandes institutions financières se sont montrées sceptiques quand le Salvador est devenu le premier pays au monde à reconnaître le bitcoin comme devise officielle. La Banque centrale a déclaré qu'elle ne pouvait pas soutenir le pays dans cette décision étant donné le *« manque de transparence »* et le *« coût environnemental »* de la crypto-monnaie. De son côté, l'agence de notation Moody's a dégradé la note du Salvador. En 2020, la dette publique atteignait 90 % du PIB. Mais le président en est sûr : le bitcoin va améliorer le pouvoir d'achat de ses habitants.

« Frères lointains »

Nouveau trajet en *chicken bus* à destination de Santa Ana. Au nord, nichée au milieu des volcans, la deuxième ville du pays est réputée pour sa production de café et ses cordonniers. Teresa et Danilo Mazariego, la cinquantaine, fabriquent des chaussures depuis une vingtaine d'années. Pour eux, pas question de payer le cuir ou les semelles en bitcoin ! *« C'est une question de génération, c'est difficile pour les boomers »*, explique leur fils Emerson via WhatsApp. Il fait partie des *hermanos lejanos*, ces « frères lointains » partis tenter leur chance aux États-Unis. Ils seraient plus d'un million et demi. Emerson est un travailleur sans papiers dans un entrepôt Amazon. Dès qu'il le peut, il fait parvenir un peu d'argent à ses parents via Remitly, un service de transfert financier, car ses parents n'ont pas de compte bancaire, comme 70 % de la population du Salvador. Lorsque Emerson envoie 100 dollars US, le service prélève une commission de 6 dollars. D'après le président Nayib Bukele, ces commissions représenteraient chaque année plus de 400 millions de dollars. Les *remesas*, l'argent envoyé par les Salvadoriens, correspondraient ainsi à près d'un quart du PIB du pays. Grâce au bitcoin, les habitants n'auront plus à payer de commissions, assure le chef d'État. *« Je pense que c'est une bonne chose,* conclut Emerson, *c'est le futur, il faut juste que mes parents apprennent à s'en servir. »*
Pour sensibiliser la population, le gouvernement a employé les grands moyens. Dans Santa Ana, on les repère avec leur T-shirt bleu marine siglé « chivo » : des dizaines de promoteurs arpentent les rues pour expliquer le fonctionnement du bitcoin. Ils sont payés 5 dollars à chaque téléchargement de l'application. En deux semaines, Sandra a enregistré 45 personnes, mais elle n'a gagné que 160 dollars. Tous les profils n'ont pas été validés par Chivo Wallet. *« Il faut qu'ils soient les plus complets possible »*, précise Sandra. Chaque utilisateur doit se prendre en photo et enregistrer sa carte d'identité sur le profil. Des opposants s'inquiètent de cette collecte des données person-

« Dans les villages, on m'a traitée de barbare ou d'Antéchrist. Ils pensent que c'est la fin du monde »

nelles. Car même si Chivo Wallet est financé par l'État, c'est une société privée. Lorsqu'elle fait du porte-à-porte, Sandra se heurte donc à des réactions mitigées : *« Dans les villages, on m'a traitée de barbare ou d'Antéchrist. Ils pensent que c'est la fin du monde. Mais d'autres nous ont posé plein de questions pour savoir comment investir, comment faire de l'argent avec le bitcoin. »*

Un distributeur de billets au bûcher

À côté de la mairie de Santa Ana, construite en 1874, se dresse un petit cube de béton armé qui tranche avec le style néoclassique de la municipalité. À l'intérieur, des employés de Chivo Wallet informent et accompagnent les habitants. La plupart sont venus retirer les 30 dollars « offerts » par le gouvernement au distributeur automatique de billets. Manque de chance, la machine est en panne. *« Le réseau est saturé »*, se borne à répondre une employée. Ce n'est pas la première fois et beaucoup de Salvadoriens se montrent exaspérés. L'infrastructure est toute récente et il y a encore quelques ratés. Au total, 199 machines flambant neuves ont été installées à travers le pays. La 200e machine a été incendiée par des opposants du président. Depuis l'introduction du bitcoin, ils organisent régulièrement des manifestations dans la capitale pour s'opposer au déploiement de la crypto-monnaie, et plus généralement aux dernières décisions de Nayib Bukele. Mais s'agit-il vraiment d'un soulèvement populaire ? Les publications sur Twitter témoignent plutôt d'une récupération politique de la part des deux grands partis historiques, qui rongent leur frein devant la popularité inébranlable du président. L'acceptation du bitcoin reflète les inégalités du Salvador. La génération connectée et américanisée se montre enthousiaste, quand l'ancienne génération reste prudente, voire sceptique. Elle se souvient de la « dollarisation » du pays il y a tout juste vingt ans. Le président Francisco Flores, de l'Alliance républicaine nationaliste, avait décidé, en 2000, d'abandonner le colon au profit du dollar US, et ainsi de renoncer à toute souveraineté monétaire. Alors si le colon a pu disparaître si rapidement des portefeuilles, pourquoi pas le célèbre billet vert ? Ne s'agit-il en fait que d'une stratégie gouvernementale pour s'émanciper du dollar US ? Le président a refusé de répondre à nos multiples sollicitations, tout en continuant à tweeter sur des projets tous plus extravagants les uns que les autres. Avis aux amateurs : des vidéos dignes d'un film hollywoodien dévoilent les coulisses d'une ferme de minage de bitcoins. Sa particularité ? Elle fonctionne grâce à l'énergie géothermique des volcans. Les habitants des villages attenants à l'usine, eux, continuent de s'éclairer à la bougie et d'utiliser des générateurs de courant ●

NO AL
RESISTENC
CONTRA E
NO
BUK
NO AL BITCOIN

NOVA
ROMA

Grandeur et décadence de l'empire néo-romain

**En 1998,
deux Américains passionnés d'histoire et de paganisme ressuscitent l'Empire romain en créant le forum en ligne novaroma.org. Vingt-quatre ans plus tard, la communauté tient toujours. Et entre les luttes intestines, les arnaques financières, les sacrifices de sang et les cyber-dictatures, l'épopée de la Cité virtuelle n'a rien à envier à celle de son modèle antique. Retour sur une aventure qui, en creux, nous raconte celle, technologique et culturelle, d'Internet.**

Texte Lambert Stroh
Illustrations Simon Bailly

À première vue, aucune centrale nucléaire ne s'est mise à l'arrêt, aucun avion de ligne ne s'est écrasé et rares sont les distributeurs de billets à avoir disjoncté. Au premier jour du troisième millénaire, des milliers d'informaticiens à travers la planète relâchent leur respiration, soulagés. Le bug de l'an 2000 ne relevait finalement que de la superstition.
Ce même samedi matin, une poignée d'internautes prend connaissance d'un message posté sur leur forum favori : *« Marcus Audens et moi dirigerons aujourd'hui un cortège virtuel au temple de Jupiter puis, à midi, nous sacrifierons un rat (pas un bœuf blanc, hélas) pour le bien de la République. Je ne peux qu'espérer que les dieux se rendent compte que nous faisons de notre mieux avec des ressources limitées. »*
Cette annonce, signée Fabius Maximus, consul de Nova Roma, s'achève sur un post-scriptum : *« Je voudrais rassurer ceux qui pourraient être dégoûtés par le sort du rat. D'abord, sachez qu'il s'agit d'un animal de laboratoire qui aurait de toute manière fini par être tué. Secondement, à la fac de médecine, j'ai toujours été le premier de ma classe en dissection. »* La première réponse ne se fait pas attendre : *« Que vos mains soient aussi sûres que vos intentions sont pures ! »* C'est ensuite au Marcus Audens en question de réagir : *« Je suis tout à fait disposé à rendre aux dieux de Rome ce qui leur est dû. Cependant, je ne suis pas sûr de vouloir participer à un sacrifice de sang. Je demande au collège pontifical de statuer sur la nécessité de cet acte. »* Quelques internautes débattent encore de la question avant que Fabius Maximus ne reprenne la parole : *« Après avoir été informé que les sacrifices d'animaux ont été interdits dans les cérémonies publiques de Nova Roma, je me contenterais d'offrir la libation d'une bouteille de champagne aux Dieux. Je suis désolé d'avoir provoqué ce tumulte. »* La communauté Nova Roma, sur le point de célébrer ses deux ans, peut maintenant entrer de plain-pied dans le XXIe siècle du calendrier grégorien.

I.
« Le meilleur de la Rome antique »

Hiver 1997, sur la côte Est des États-Unis. Comme tant d'illustres geeks avant eux, Joseph Bloch et William Bradford s'apprêtent à lancer un site internet depuis leur salon. Les jeunes trentenaires sont entrés en contact quelques semaines auparavant en répondant à une annonce passée dans le magazine *Witches & Pagans*. Joseph habite le New Jersey, où il exerce en tant qu'informaticien. Passionné par les péplums depuis l'enfance, il a approfondi ses connaissances en histoire à l'université de Boston. William réside dans le New Hampshire et travaille dans l'imprimerie paternelle. Parallèlement à ses études de commerce, il a commencé à suivre les enseignements d'une séminariste mystique avec laquelle il s'est initié au culte des dieux préchrétiens.
Huit heures de route séparent les deux hommes. Aussi, c'est au téléphone et par mail qu'ils échangent sur leurs sujets favoris, la Rome antique et les spiritualités new age. Tous deux partagent le même constat : de nombreux groupes célèbrent le druidisme et le wiccanisme, mais rien n'existe pour les adeptes du panthéon romain. Ils aimeraient combler ce vide, mais sont conscients que la *religio romana* est une religion d'État, qui ne peut exister sans institutions politiques. Qu'à cela ne tienne : le duo commence à conjuguer droit romain et code HTML. Pendant trois mois, ils consacrent soirées et week-ends à échafauder des

plans pour redonner vie à la civilisation romaine via un forum et un site internet.
Le 28 février 1998, Joseph et William publient une Déclaration et une Constitution. Inspirés par le concept de micronation, ils proclament la souveraineté de Nova Roma, *« une République indépendante parmi les nations du monde »*. Les documents ne sont pas signés Joseph et William, mais Flavius Vedius Germanicus et Marcus Cassius Julianus. Dès le premier jour, le jeune État octroie sa citoyenneté à une poignée d'amoureux de l'Antiquité et de férus d'Internet. Dans les semaines qui suivent, d'autres néo-Romains rejoignent l'organisation. Il y a là un vétéran de la guerre du Golfe, une mère au foyer membre des Alcooliques Anonymes, un retraité franc-maçon du 32e degré, des fans de *Star Trek* et des professeurs d'université. Ces trente-six pionniers se voient accorder le titre honorifique de « patriciens ». S'inspirant du *« meilleur de la Rome antique »*, Nova Roma s'est débarrassée de toute forme de discrimination. L'esclavage y est aboli et les femmes peuvent prétendre aux mêmes responsabilités que les hommes. En attendant la tenue des premières élections, Cassius et Germanicus assument tous deux la charge suprême, celle de consul. Dans le cyberespace, les internautes se mettent en ordre de bataille. Grâce à Windows 95 et à leurs modems 56K, ils créent des live chat, des mailing lists et des newsletters, comme autant d'infrastructures à la micronation. L'ébullition est typique de cette période de l'histoire d'Internet. Quand ils n'échangent pas des idées pour améliorer leur République, les patriciens se recommandent la lecture de manuels d'histoire ou de recettes de cuisine millénaires.

Au numéro 896 de la Burnt Mill Road, dans l'État du Maine, William et sa fiancée Patricia organisent aux dates clés du calendrier romain des cérémonies auxquelles ils convient leurs concitoyens. Lors de ces réunions, l'assemblée récite des incantations qui doivent permettre à Nova Roma d'entrer sous la protection de la déesse Concordia. Personne n'imagine alors qu'Internet puisse être le domaine d'une autre divinité que celle de l'harmonie.

II.
« Nova Roma est bien plus grande que la somme de ses parties »

Au matin du septième jour avant les ides de septembre, soit le 7 septembre 1998, le monde néo-romain est stupéfait. Sur le fil de discussion général, Flavius Vedius Germanicus a publié une annonce : *« Avec effet immédiat : je démissionne de tous mes postes, laïques et sacrés, de mon appartenance au Sénat et de ma citoyenneté. Je regrette de devoir prendre cette mesure, mais des raisons personnelles m'y obligent. »* En fin d'après-midi, Marcus Cassius Julianus prend la parole : *« La décision de Germanicus de quitter Nova Roma est sans aucun doute l'événement le plus triste auquel nous ayons été confrontés. Germanicus a prouvé qu'il était un leader compétent, un administrateur rigoureux et surtout un sacré bon ami. Je vais joindre le Sénat dès que possible afin de compenser cette perte. Nous affronterons ce défi comme les anciens Romains l'auraient fait. Nova Roma est bien plus grande que la somme de ses parties. »* Les premières élections sont prévues en décembre. Dans l'intervalle, Cassius est décidé à combler les offices que Germanicus a laissés vacants. En moins de deux semaines, il fait nommer un nouveau sénateur

et trouve un candidat prêt à assurer l'intérim au poste de consul. Enfin, il donne à son épouse Patricia la responsabilité du site internet.
Au troisième jour avant les nones de novembre, après deux mois d'absence, la communauté a la surprise de voir réapparaître le nom de Germanicus sur le forum. Il s'y confie : *« La nuit avant mon annonce fatidique, les dieux de Rome se sont refusés à moi. Jusque-là, la* religio romana *était au cœur de mon implication dans Nova Roma. C'est pourquoi j'ai cru que la meilleure chose à faire était de rompre complètement. Il m'a fallu six semaines pour me rendre compte que cette décision était bien trop radicale. Aussi, j'ai décidé de présenter une nouvelle demande de citoyenneté, j'ai également demandé à être réintégré au Sénat (je ne veux, cela dit, aucune responsabilité au sein du gouvernement). »*
Problème : les néo-Romains prennent leurs lois à la lettre. Un certain nombre d'entre eux ne tarde pas à souligner que les textes de Nova Roma exigent des responsables politiques qu'ils *« rendent hommage aux dieux »*. Comment Germanicus l'athée pourrait-il siéger au Sénat ? Joseph est pris au piège de ses propres règles. La Constitution qu'il a écrite quelques mois plus tôt est décortiquée. Flavia Claudia Juliana, qui occupe l'office de cheffe vestale, fait part de son incompréhension quant à la versatilité de Germanicus : *« Essayons-nous vraiment de bâtir quelque chose avec Nova Roma ou s'agit-il simplement d'un jeu ? Je voudrais bien une réponse parce que j'ai moi-même fait vœu de chasteté durant toute la durée de mon mandat. Je l'ai fait pour Nova Roma et pour les Dieux, mais si on est en train de jouer à une sorte de Donjons et Dragons grandeur nature, je trouve mon sacrifice bien trop généreux. »*
Si les institutions de Nova Roma avaient encaissé le choc de son départ, le retour de Flavius Vedius Germanicus précipite la République dans sa première crise constitutionnelle. Le 22 décembre 1998, Joseph Bloch a la bonne surprise de constater que son adresse mail a été réintégrée au fil de discussion des sénateurs.

III.
Le premier dictateur de l'histoire d'Internet

Durant les mois suivants, la vie de la Cité suit son cours. Les élections se tiennent comme prévu. Une dizaine de magistrats, dont deux nouveaux consuls, prêtent serment. Les jours les plus calmes, la ruche numérique se contente de commenter les documentaires diffusés sur la chaîne History. Aux heures plus agitées, l'actualité donne à la micronation l'opportunité de préciser son projet de société. Le conflit au Kosovo permet à Nova Roma de régler sa politique étrangère, et la fusillade de Columbine est l'occasion d'un débat sur le contrôle des armes à feu. À la mi-juin 1999, quelques néo-Romains commencent à discuter d'un sujet explosif : la régularité des suffrages de l'hiver passé. Ces derniers ont été exprimés par scrutin direct, or la Constitution de Roma Nova est claire : des tribus et des centuries auraient dû être créées pour jouer le rôle de grands électeurs. Cassius est mis en cause. Il se défend en expliquant qu'il n'était tout simplement pas en charge du dossier.
Dans la soirée du 29 juin, le téléphone sonne chez les Bradford. Au bout du fil, William reconnaît la voix de Flavia Claudia. L'ancienne cheffe vestale met en garde Cassius : un *« comité de prêtres et de magistrats »* fomente sa perte. La preuve ? Un document de sept pages cumulant les chefs d'ac-

cusation, au premier rang desquels sa négligence. William est sonné par l'attaque. Ce soir-là, après s'être assuré du soutien des principaux responsables politiques, c'est la boule au ventre que William et Patricia débranchent le forum de Nova Roma. Les larmes aux yeux, ils ferment ensuite le site internet. Mari et femme préfèrent achever leur rêve plutôt que de voir la République tomber entre de mauvaises mains.

Il faudra dix-huit heures avant que les Bradford ne se décident à relancer la machine. Quand les 300 citoyens qui composent maintenant la Cité découvrent la révolution de palais qui s'est déroulée en coulisse, le forum plonge dans le chaos.

Le 4 juillet 1999, tandis que les États-Unis fêtent leur indépendance, l'un des deux consuls élus soumet une mesure d'exception au Sénat: *« Considérant que la crise actuelle, bien que précipitée par un seul incident, a de nombreuses causes qui doivent être traitées; et considérant que toute solution à cette crise doit être prise conformément à notre Constitution; nommons-nous Flavius Vedius Germanicus au poste de dictateur. Je ne le félicite pas d'avoir accepté cette position, car je ne crois pas que ce soit le moment de célébrer quoi que ce soit. »*

Parce qu'il est jugé neutre dans le conflit, le cofondateur démissionnaire et athée de Nova Roma est appelé au service de la Nouvelle Rome. Germanicus devient le premier dictateur de l'histoire d'Internet. Ce titre, il le sait, est à prendre au sens premier et romain du terme: les pleins pouvoirs ne lui sont pas conférés dans son intérêt personnel, mais pour résoudre la situation le plus efficacement possible. Sa première action est de sanctionner Lucius Equitius Cincinnatus, le second consul élu en décembre. Un faisceau d'indices porte à croire qu'il est à l'origine de toutes les intrigues. Le magistrat est déchu de ses fonctions et la citoyenneté de Nova Roma lui est refusée pour une durée de dix ans. Michael Cope, plongeur vétéran de l'US Navy, vient d'être condamné à un exil virtuel. Sans le soutien de ses partisans, il aurait dû se trouver un nouveau hobby pour meubler son temps libre. Heureusement pour lui, ses suiveurs sont aussi nombreux que bruyants. Ils se lancent dans une campagne contre Cassius, Germanicus et Patricia, auxquels ils reprochent de n'avoir jamais réellement passé les rênes de la Cité.

Derrière les écrans, deux factions s'affrontent désormais. Les invectives fusent aussi vite que les locutions latines. Tout dictateur qu'il est, Flavius Vedius Germanicus est contraint de trouver un *statu quo*: Cincinnatus recouvrera sa citoyenneté à la condition de ne pas briguer de responsabilités politiques durant un an. La plèbe apaisée, Germanicus entreprend la rédaction d'une deuxième Constitution pour corriger les bugs que William et lui avaient pu laisser passer dans leur matrice originelle. Le dimanche 1er août 1999, la tâche accomplie, il met officiellement fin à sa dictature.

IV.
Voir flotter le drapeau rouge et or

Sur le forum, un sujet de discussion va et vient comme un serpent de mer: l'acquisition d'une parcelle de terre pour faire de Nova Roma une véritable Cité-État. Ce dessein trouve son origine dans la Déclaration de 1998. Les cofondateurs y reconnaissaient les réalités politiques qui *« rendent impossible la restitution de l'Empire romain »*, mais n'en revendiquaient pas moins un territoire égal à

celui du Vatican, soit 44 hectares situés – si possible – dans l'enceinte de la Ville éternelle. Une partie des internautes est sceptique : la collectivité n'a pas les ressources nécessaires pour s'offrir un tel domaine, et si c'était le cas, qui accepterait de renoncer au confort de la vie dans une macronation pour fonder une colonie ?

Des idéalistes proposent de mettre à profit leurs compétences en architecture et en maçonnerie. Le sujet déchaîne leur imagination. *« Si nous devions construire une capitale, je pense que la côte Est des États-Unis serait un emplacement approprié, étant donné qu'elle est beaucoup plus proche des Européens que le Midwest »*, écrit un néo-Romain. *« L'Europe et l'Afrique ont l'avantage d'abriter de véritables ruines de la Rome antique et certaines sont encore fonctionnelles, comme les aqueducs. Ce serait plus logique d'y bâtir notre ville »*, estime un autre citoyen. *« Si vous envisagez sérieusement de créer une ville en dehors des États-Unis ou de l'Europe occidentale, à mon avis, la condition est de s'assurer qu'il existe à proximité une base américaine qui pourra assurer nos arrières »*, fait remarquer encore un autre, prévoyant.

Le 6 décembre 2000, Patricia propose de créer un *« fonds d'investissement à long terme qui permettra l'achat d'un terrain »*. La mesure est ratifiée et quelques centaines de dollars sont déposés sur un compte ouvert au nom de Nova Roma Inc. La République est depuis peu une société à but non lucratif enregistrée dans le Maine. Son conseil d'administration est composé des membres du Sénat.

Les Bradford font partie des citoyens qui souhaitent ardemment voir flotter le drapeau rouge et or de Nova Roma dans les airs. Durant des mois, le couple guette l'occasion de réaliser ce rêve. Elle viendra sous la forme d'un lopin de terre situé dans le comté de Culberson, au Texas. Sur leur site Internet, les néo-Romains découvrent une annonce : *« En avril 2003, le Sénat a approuvé l'achat d'un ranch de 4 hectares. Cette terre est un symbole du dévouement de Nova Roma à notre objectif futur d'une plus grande capitale mondiale. C'est également une confirmation de l'existence de Nova Roma en tant qu'organisation viable avec des objectifs pratiques dans le monde réel. »* Ce seront les derniers mots que les citoyens liront sur ce ranch, où aucun étendard ne sera jamais planté. Pour expliquer ce silence, la rumeur raconte que la micronation a été victime d'une arnaque immobilière. L'acte de propriété n'aurait concerné qu'un quarantième d'un terrain en plein désert, à mille lieues de toute ressource et de toute activité humaine.

Malgré ce coup d'épée dans l'eau, Nova Roma trouve sa vitesse de croisière dans les premières années du nouveau millénaire. La population croît avec régularité et, si les querelles intestines ne disparaissent jamais vraiment, les citoyens les acceptent maintenant comme faisant partie intégrante du fonctionnement de leur micronation, d'Internet ou peut-être bien de la démocratie. Bientôt, l'intelligence collective réussit à mettre sur pied des entreprises concrètes. Un système d'impôt a ainsi été instauré. Avec la simplicité qui le caractérise, le Sénat demande chaque année à ses administrés *« trois millièmes du PIB par habitant de son pays de résidence »*. Cette taxe permet de participer au financement de l'Academia Thules, une université en ligne qui dispense des cours sur l'Antiquité. Avec les deniers publics, la collectivité mécène également la restauration du temple de Magna Mater situé sur le mont Palatin, à Rome. Un podcast, des conventions le long du mur d'Hadrien et des concours de poésies sur Second Life voient également le jour.

*Des dizaines
de citoyens s'en vont
rejoindre d'autres
Républiques qui
ont récemment
émergé sur le Net.
Caesar ne voit
pas d'un bon œil
ces sociétés
séparatistes.*

Durant cet âge d'or, Cassius et Germanicus ne sont, quant à eux, plus en odeur de sainteté. Après avoir effectué un second mandat de consul, ceux qu'on appelle désormais les *Pater Patriae* se sont trouvé des placards dorés à la tête des deux collèges religieux de la micronation. Les nouveaux magistrats au pouvoir leur reprochent de s'endormir sur leurs lauriers et les poussent vers la sortie. En 2008, Germanicus s'en va créer un blog consacré aux jeux de rôle et de plateau. Cassius, récemment séparé de Patricia, décide de bâtir une nouvelle micronation – Byzantium Novum – qu'il dédie logiquement à la gloire de Constantinople. Nova Roma, qui vient de fêter ses dix ans, volera désormais de ses propres ailes.

V.
Cursus honorum

En 2011, tandis que les révélations du soldat Bradley Manning accablent l'armée américaine, une nouvelle page fait son apparition sur le Web: novaromatruth.blogspot.com. Comme son nom l'indique, elle a été créée pour faire la vérité dans différents dossiers néo-romains. Son auteur, anonyme, a manifestement occupé un poste à responsabilité à l'intérieur de la micronation. Pendant dix-huit mois, il publie une dizaine d'articles qui résonnent comme autant de boulets de canon. Grâce à ces *leaks*, les néo-Romains apprennent que le nombre de participants aux élections de décembre 2010 se résumait à 38 votants. Ils sont également informés qu'au dernier recensement de la population *« active »*, sur 1 345 mails envoyés, seulement 537 destinaires ont pris la peine de répondre. Pour ne rien arranger, des internautes américains accusent à demi-mot les citoyens européens d'avoir profité des donations faites par la République à l'Academia Thules, ainsi qu'au temple de Magna Mater, pour s'enrichir personnellement. C'est dans ce climat délétère que deux sénateurs, Lucius Cornelius Sulla et Gnaeus Iulius Caesar, décident de prendre les affaires de la Cité en main.

Sulla fait partie de la noblesse de Nova Roma, sa citoyenneté remonte au 1er mars 1998. Dès ses premiers mois sur le forum, Robert Woolwine s'impose comme l'un des membres les plus actifs de la communauté. Il y livre le récit de sa vie. Celle d'un Californien de 25 ans ayant précocement développé des problèmes de poids et un goût pour les mondes virtuels que lui offrent ses micro-ordinateurs Commodore, Atari et RadioShack. Brandissant ses diplômes en administration publique et des affaires, il exprime chaque jour son opinion sur les débats qui animent la collectivité. Le soir venu, il passe encore de longues heures à discuter de ses morceaux de musique préférés. Ses romances avec plusieurs néo-Romaines font les choux gras du forum. Mais cette image de gendre idéal va plusieurs fois s'écorner. En 1999, Sulla trouve le chemin d'accès au fil de discussion des sénateurs et épie leurs échanges. Pris sur le fait, le patricien manque de peu d'être banni. Quelques mois plus tard, il sort une nouvelle fois de son rôle dans un mail adressé aux magistrats: *« Quels lâches nous avons comme citoyens... Quels bébés!!! CE NE SONT PAS DES VRAIS ROMAINS. Je suis dégoûté. Je n'ai plus aucune envie de m'associer à eux et à une organisation qu'ils transforment en un vulgaire jeu. »* Au fil du temps, Sulla se révèle arrogant, agressif et radical; susceptible et émouvant, parfois. Malgré cette

personnalité clivante, il est élu consul par deux fois. Caesar, lui, rejoint Nova Roma en 2004. Il se présente comme un citoyen anglais d'âge mûr ayant servi douze ans dans les forces de l'ordre britanniques, avant d'emménager au Canada pour travailler au département de la justice de l'Alberta. Contrairement à Sulla, l'homme de loi n'a pas pour habitude de faire étalage en ligne de sa vie privée. Les citoyens n'apprendront à le connaître qu'à travers son engagement dans la communauté. Et le nouveau venu se distingue rapidement par son zèle. En quelques mois, il met ses connaissances juridiques au service de la plupart des responsables politiques de la Cité, puis il se lance dans sa propre ascension du pouvoir. En 2009, il publie un PDF intitulé *« Nova Roma Reborn »*. Le Britannique propose d'implanter à l'intérieur de Nova Roma une banque centrale qui accorderait des crédits à chaque citoyen en fonction de son implication dans la communauté. Ou en échange de dollars. Il en est certain : la méritocratie et l'esprit de compétition redynamiseront la micronation. Rares sont les néo-Romains à achever la lecture des cent vingt-six pages du document, et moins nombreux encore sont ceux qui adhèrent au projet. Parmi eux se trouve Sulla. Le Californien voit d'un bon œil cette réforme qui pourrait le maintenir indéfiniment au pouvoir. Il se rapproche de Caesar. Si le complexe système monétaire ne verra jamais le jour, une nouvelle alliance vient de se sceller.

VI.
Le franchissement du Rubicon

En 2012, Caesar accède à la fonction de consul. À la fin de ce mandat, Sulla se présente à son tour. À ce stade, les deux collègues cumulent les casquettes au sein de Nova Roma comme d'autres collectent les *manas* dans le jeu vidéo League of Legends. Impuissants face aux manœuvres des deux Machiavel, les citoyens de la micronation n'ont plus comme seul loisir que de médire de leurs gouvernants. Sur Facebook, Robert Woolwine publie des dizaines de diatribes contre le Parti démocrate et autant de messages de soutien à la politique de Benyamin Netanyahou. Entre deux billets d'humeur, il n'oublie pas de tenir au courant ses amis de son état de santé. Via ces posts, les néo-Romains découvrent que leur magistrat est sujet à de sérieux problèmes médicaux. On dit Sulla atteint d'obésité morbide. Les internautes s'échangent en sous-main des photographies de celui qui est récemment devenu le troisième *Pater Patriae* de la micronation. Les spéculations autour de Caesar sont d'un tout autre ordre. Certains s'interrogent sur la profession de sa femme. Mme Kell travaillerait pour une mystérieuse fondation dédiée à la cryogénisation. D'autres croient savoir que l'homme de loi aurait fui l'Angleterre après avoir commis une grave bavure policière. Peut-être un homicide. Ce qui est sûr, c'est que sous leur règne, les projets culturels et académiques font long feu et des mesures jugées contraires à l'esprit des débuts entrent en vigueur. Sur les fils de discussion, la colère remplace bientôt les ragots : on accuse le duo de n'accepter que leurs sympathisants au Sénat. Des dizaines de citoyens s'en vont rejoindre d'autres Républiques qui ont récemment émergé sur le Net. Caesar ne voit pas d'un bon œil ces sociétés séparatistes. Il soumet aux sénateurs une loi requérant des nouveaux citoyens de Nova Roma qu'ils déclarent leur appartenance présente ou passée à toutes *« organisations concurrentes »*. →

Quand, sur son écran de smartphone, Jeff Larson découvre cette proposition, il sent tous les poils de sa moustache blanche se hérisser. Pour ce Texan de 55 ans, les méthodes de Caesar ressemblent furieusement à celles employées par Joseph McCarthy durant sa « chasse aux sorcières ». Dans le civil, Jeff est ingénieur aérospatial et représentant du Parti républicain, tendance libertarien. S'il y a bien une chose qu'il tient en horreur, c'est de voir l'État s'immiscer dans les affaires privées de ses citoyens. Sous le nom de Publius Porcius Licinus, et en sa qualité de tribun de la plèbe, Jeff décide de s'opposer au projet de loi. Son veto transforme le forum en arène. Caesar et Sulla profitent de l'agitation pour décréter l'état d'urgence. Au 16e jour avant les calendes de décembre, le 16 novembre 2015, Jeff Larson assiste à une réunion du Parti républicain dans le comté de Harris, au Texas. Vers 20 heures, alors qu'il est entouré de 200 adhérents du Grand Old Party, l'écran tactile de son Nexus 6 affiche un message. Une sénatrice néo-romaine lui exprime toute sa sympathie. L'ingénieur ne comprend pas. De retour chez lui, Jeff file droit vers son ordinateur. Le forum principal de Nova Roma lui est inaccessible. Dans sa boîte mail, il découvre un courriel intitulé : *« SENATUS CONSULTUM ULTIMUM ON THE ESTABLISHMENT OF THE DICTATURA. »* En parcourant le document, il apprend que pendant qu'il discutait de la meilleure manière d'empêcher les Démocrates de ravir la mairie de Houston, Caesar s'est proclamé dictateur et a fait de Sulla son chef d'état-major. Les deux complices ont ensuite publié une série de décrets dans lesquels son nom apparaît en bonne place : *« Moi, Gnaeus Iulius Caesar, dictateur de Nova Roma, promulgue l'édit suivant : les personnes ci-après nommées sont immédiatement déchues de leur nationalité néo-romaine, expulsées de Nova Roma et soumises à une interdiction permanente de citoyenneté : Publius Porcius Licinus (citoyen #13779), Aulus Vergilius Figulus (citoyen #14560), Marcus Martianius Lupus (citoyen #11054). »* Jeff prend connaissance de deux autres décrets qui énumèrent les matricules des dissidents politiques, puis il lit le quatrième et dernier édit qui annule les prochaines élections. Il comprend que le Rubicon vient d'être franchi.

VII.
Casus belli

Pour les exilés, l'heure est au branle-bas de combat. Afin de préparer la contre-attaque, un *« gouvernement en exil »* se met en place. Aux côtés de Publius Porcius Licinus, deux ténors mènent la résistance : Titus Domitius Draco, un Pennsylvanien de 31 ans, et Gnaeus Cornelius Lentulus, professeur de latin et grand prêtre de Nova Roma qui se connecte depuis sa Hongrie natale. Les trois légitimistes ne sont pas au bout de leur peine, car Caesar et Sulla ont modifié les statuts de Nova Roma Inc. Un « comité exécutif » nouvellement créé les désigne comme seuls représentants officiels d'une société dont les comptes bancaires brassent plusieurs milliers de dollars. Licinus, Draco et Lentulus ne peuvent qu'admettre la réalité : les limites de la démocratie romaine, ainsi que celles d'Internet, ont été atteintes. Ils doivent mener la bataille sur le terrain judiciaire. Une quinzaine de jours après le coup d'État, le triumvirat organise un crowdfunding. Grâce à l'argent récolté, Licinus et ses compères s'adjoignent

les services de deux avocats, qui réussissent à mettre au jour la nature délictueuse de la dictature au regard du droit américain. Une mise en demeure est déposée auprès du tribunal supérieur du Maine. Caesar et Sulla semblent perdre du terrain en acceptant de mettre un terme à leur autocratie. Le duo propose d'annuler tous les actes officiels pris depuis le 16 novembre 2015. Pour le reste, ils n'en démordent pas : le pouvoir doit maintenant revenir au Sénat, largement acquis à leur cause. En janvier 2018, Jeff Larson ne supporte plus cette guerre de positions qui dure depuis quinze mois. L'ancien prestataire de la Nasa n'a jamais rencontré un seul néo-Romain en chair et en os. Pourtant, il n'hésite pas à débourser 10 000 dollars qu'il crédite sur le compte bancaire d'un nouveau cabinet d'avocats. Ce premier approvisionnement doit permettre aux associés d'Eaton Peabody de se lancer à leur tour à l'attaque de Nova Roma Inc. À l'automne, le glaive de la justice produit enfin son effet : Caesar rend les armes. Sulla, lui, fait la sourde oreille aux menaces de procès. Nova Roma a pris une place trop importante dans sa vie pour qu'il renonce. Il reste seul à la tête d'une Cité en ruine. Via les réseaux sociaux, les néo-Romains apprennent que le magistrat multiplie les hospitalisations. Quand il ne se connecte pas depuis son domicile de Phoenix, entouré de ses livres et de ses chats, c'est alité dans une chambre du Good Samaritan Hospital, gavé d'antidouleurs et dans l'attente d'une énième opération que Lucius Cornelius Sulla tire les ficelles de Nova Roma. En juillet 2019, le Californien se décide finalement à quitter la partie. La victoire est amère pour ses opposants. Quatre années de conflit ont poussé à l'exode une grande partie de la population et largement entaché l'e-réputation de la République. Les réjouissances, déjà ternes, prennent un goût de cendres quand, deux semaines après sa capitulation, les citoyens apprennent le décès de Robert Woolwine des suites de sa maladie. Il avait 46 ans. Pour la seconde fois, la collectivité organise une levée de fonds. La cagnotte en ligne permet de déposer une couronne de fleurs sur le cercueil de l'ex-chef d'état-major. Le bouquet est ceinturé d'un bandeau sur lequel est inscrit en latin : *« Pas de meilleur ami, pas de pire ennemi. De Nova Roma à Sulla. »*

Épilogue

En décembre 2019, la République organise de nouveaux suffrages. Après une décennie d'absence, Germanicus et Cassius se présentent de nouveau au poste de consul, mais c'est Draco le Pennsylvanien et Lentulus le Hongrois – devenu le quatrième citoyen à recevoir le titre de *Pater Patriae* – qui sont plébiscités pour prendre en main le futur de la micronation. Les deux anciens résistants ont fait campagne sur une promesse : mettre les aspects politiques en sourdine au profit d'activités ludiques, culturelles et pédagogiques. Le Web, ils l'ont compris, n'est plus cet espace utopique réservé à quelques millions d'*early adopters*, mais une agora pratiquée par des milliards de quidams plus enclins au péché d'hybris qu'au stoïcisme des philosophes romains. Caesar n'a d'ailleurs pas renoncé au numérique. Le dictateur déchu s'est récemment inscrit sur LinkedIn. Nigel Kell est aujourd'hui le directeur de l'Edmonton Seniors Centre. Il administre une maison d'accueil pour retraités. Sur le réseau social professionnel, M. Kell se décrit comme *« énergique, diplomatique et méthodique »* avant de préciser : *« Je suis un leader visionnaire et progressiste doté d'une expérience managériale diversifiée. »* •

Les beaux ratés de l'impression 3D

« Mon but n'est pas de juger, de dire que le progrès technologique est mauvais, mais de témoigner de manière objective. » Spectatrice des mutations numériques qui, ces dernières années, ont transformé sa vie et son métier, Catherine Leutenegger se décrit comme une « *archéologue photographique* » dont les tirages seraient des réceptacles du temps. *« C'est comme si on mettait des moments dans un bocal de formol »*, métaphorise l'artiste lausannoise.
Avec sa série *New Artificiality/3D-printed failures*, ce sont les balbutiements de l'impression 3D que la photographe de 38 ans cherche à capturer. Initié en 2014 après des collectes d'objets imprimés par différentes machines en Suisse, ce projet de longue haleine – toujours en cours – a notamment mené l'artiste en Chine en 2016, afin de photographier des maisons individuelles conçues en à peine quatre heures par des imprimantes 3D. Après être passée par des ateliers de scannage à Paris, elle s'est très vite concentrée sur les ratés produits par des appareils qui ont suscité tant de promesses : *« Ce qui m'intéresse, c'est d'explorer les possibilités et les limites de cette technologie qui cherche à reproduire le réel »*, précise Catherine Leutenegger. En décontextualisant des objets cassés, mal colorés ou inachevés, la photographe élève ces *« déchets de production »* au rang d'œuvres d'art. *« L'impression 3D permet d'aller vers des formes plus organiques, d'explorer des styles différents »*, avance l'artiste, qui voit dans cette technologie l'émergence d'un certain pouvoir esthétique. En jouant avec les échelles, en annihilant toute dimension et en travaillant avec des fonds unis, elle compose des scènes qui reprennent aussi bien les codes de la nature morte que ceux des vanités. Véritable cabinet de curiosités, sa série présente des objets aux contours parfaitement définis grâce à la technique du *focus stacking* : *« J'ai fait différentes photos de chaque objet pour obtenir une netteté décuplée, à la manière d'un tableau expressionniste dont on sent presque le coup du pinceau. »*
Au-delà de la dimension esthétique, ce sont des interrogations ontologiques, voire métaphysiques, que convoque Catherine Leutenegger : les machines peuvent-elles créer des œuvres d'art ? En sont-elles réellement les autrices ? *« Les humains suivent une quête insatiable visant à aller au-delà de la nature. Mais à quel prix ? »*, questionne la photographe. Si elle ne tranche pas cette question, son travail rappelle cependant qu'une machine n'est jamais totalement fiable. Et qu'elle a toujours de belles erreurs à offrir.

Texte Émilie Écharoux
Photographies Catherine Leutenegger

①

③

⑤

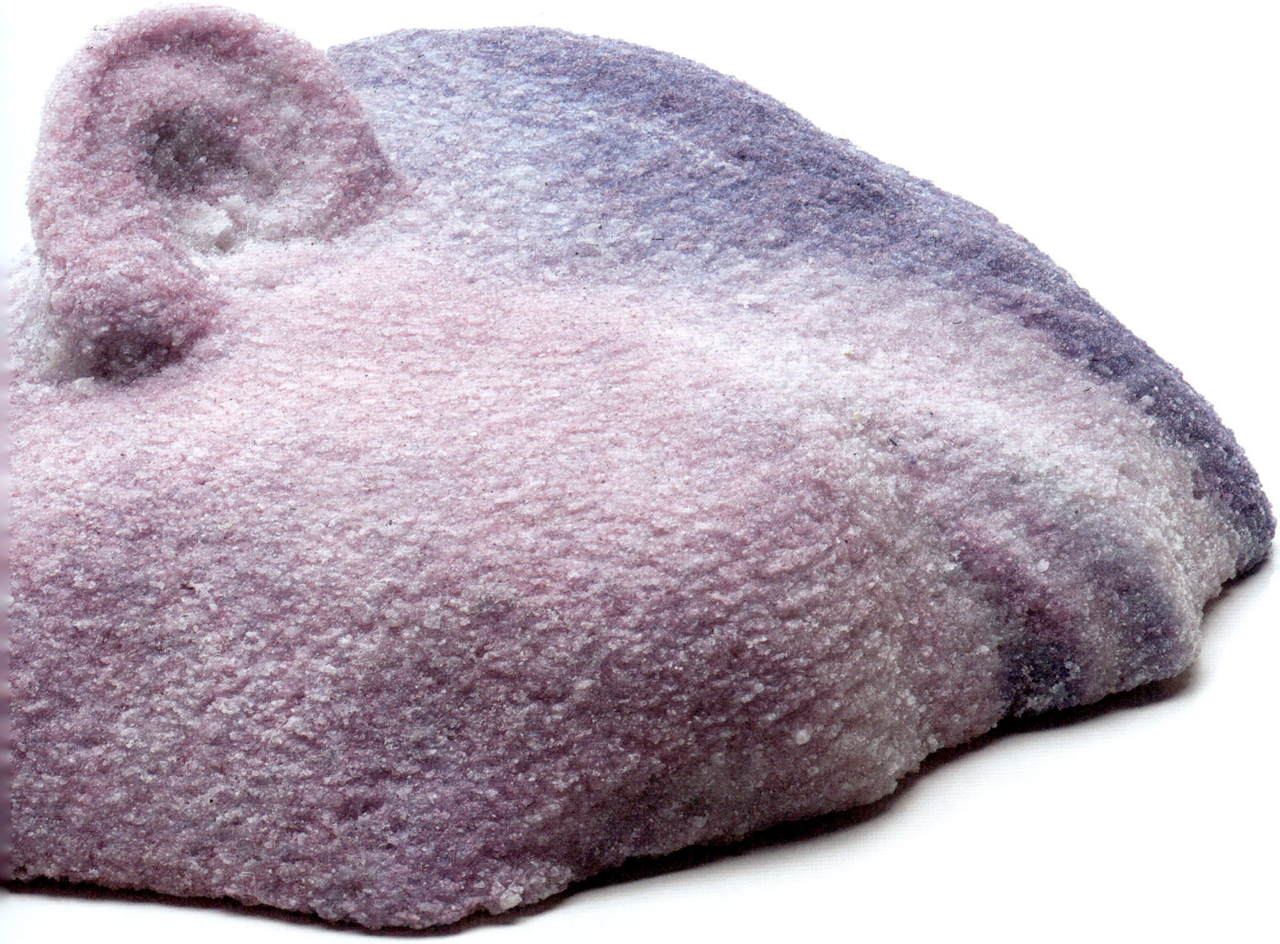

① Failed 3D-printed Bust

Léger et duveteux comme une marée montante, ce buste d'apparence monumentale n'est en réalité qu'une figurine dont les contours, qui se voulaient précis, ont été loupés. *« J'ai resserré le plan justement pour qu'on ne sache pas quelle est la taille exacte de l'objet »*, explique Catherine Leutenegger. Bien que l'impression soit ratée, l'objet n'en reste pas moins graphique et étonnamment esthétique. *« C'est assez poétique de se dire que les machines peuvent créer aléatoirement de la matière. »*

② Failed 3D-printed Orange

À la manière d'une nature morte, une orange striée se retrouve suspendue sur un fond noir, nu de toute référence pouvant donner un indice en matière d'échelle. L'imprimante découpe, colle et imprime tout à la fois, *« mais pas forcément à la manière que l'on pourrait l'imaginer »*, observe Catherine Leutenegger. *Ici, tout se fait en courbes, et non en lignes strictes. Rien de plus étonnant pour une machine qu'on pense dénuée de conscience créative »*.

③ Failed 3D-printed Cross Section of a Human Torso, Bottom view 3

Ce test d'impression d'un buste humain fait partie d'une série de six photographies présentant les parties supérieures et inférieures de sculptures similaires inachevées. *« Ce qu'on voit là correspond aux premières couches du buste, remplies de manière aléatoire »*, indique l'artiste.

④ Failed 3D-printed Cross Section of a Human Torso, Bottom view 2

La forme de cet objet évoque à Catherine Leutenegger celles obtenues lors des tests de Rorschach, ces dessins utilisés en psychanalyse. On peut aussi y voir des éléments plus organiques, comme une souche d'arbre ou un agglomérat de boue.

⑤ Failed 3D-printed Dental Crown

À mi-chemin entre l'émeraude et le visage déformé, cet objet métamorphe est en réalité une dent. *« La sortie du produit était parfaite, sauf pour ce qui est de la couleur »*, raconte Catherine Leutenegger. Volontairement laissée sur fond blanc *« pour lui donner une existence, un poids, avec la lumière verte qui émane du sol »*, cette fausse pierre précieuse prend des airs d'œuvre d'art à l'échelle indéterminée.

⑥ Failed 3D-printed Face Fragment

Telle une relique d'un autre âge aux couleurs patinées, ce visage atrophié n'est autre que le fragment d'une figurine dont la machine n'a pu achever la conception. *« En surface, cette matière sablée donne l'impression qu'il s'agit d'un vieil objet, presque intemporel »*, observe Catherine Leutenegger.

⑦ Failed 3D-printed Parrot

Tombée en panne, l'imprimante 3D n'a pu terminer la conception de ce perroquet coloré et texturé. Éclairé de manière à ne laisser paraître aucune ombre, l'objet semble presque réduit à un simple aplat de couleurs. *« J'ai volontairement laissé la ligne qui suit les contours de la silhouette pour donner l'impression qu'il y a un trou »*, dévoile Catherine Leutenegger.

7

Demain, tous paysans ?

Dans *Les Monades urbaines*, chef-d'œuvre de science-fiction publié en 1971, Robert Silverberg décrit un monde dans lequel une minorité de sous-hommes, surnommés *« les sauvages »*, travaille aux champs pour nourrir les 75 milliards d'êtres humains entassés dans d'immenses conurbations où ils expérimentent une forme de liberté sexuelle dans la promiscuité la plus totale. Triste vision de l'agriculture du futur. Mais quand on sait que, d'ici à 2026, un agriculteur français sur deux sera en âge de prendre sa retraite, ne faut-il pas se résoudre à qualifier de visionnaire le scénario imaginé par l'écrivain américain ? La lecture de ce dossier devrait donner des arguments pour montrer qu'un tel destin n'a rien d'inéluctable. D'abord, une nouvelle génération de paysans, dont le profil sociologique déborde largement de la caricature du bobo néo-rural en polaire Patagonia, entend bien reprendre le flambeau. Ensuite, des modèles inédits d'accession à la terre fleurissent aujourd'hui dans tout le pays. En témoigne notre « tour de France des couveuses agricoles », qui nous a menés de l'Hérault à la Creuse en passant par le Larzac. Enfin, le virage de la *smart agriculture* n'a rien d'inéluctable. Des promesses de l'agroécologie, susceptible de nourrir toute l'Europe en 2050 d'après l'ingénieur agronome Xavier Poux, au développement de la culture de la spiruline, ce micro-organisme présenté par l'OMS comme *« le meilleur aliment pour l'humanité au XXIe siècle »*, en passant par les nouveaux usages de l'agriculture urbaine, la tendance serait même plutôt à la reprise en main de leur destin (et du contenu de leur assiette) par les nouveaux travailleurs de la terre.

Dossier coordonné par Blaise Mao
Illustrations Clara Debray

Longtemps stigmatisée, la figure du paysan semble aujourd'hui investie d'une mission sociale, à l'aune notamment des enjeux de transition écologique. Un phénomène dont témoignent la féminisation et le renouvellement générationnel du métier, ainsi que l'arrivée de « néo-convertis » soucieux d'inventer de nouveaux modèles de production.

Texte Pablo Maillé
Photographie Fabien Dufour

Paysan, le « métier modèle » des générations futures ?

Enfant, dans sa ferme familiale de Poitou-Charentes, Édouard Bergeon cultivait son petit jardin potager, s'occupait des poules et ramassait leurs œufs. Aujourd'hui, à presque 40 ans, il n'a pas délaissé sa passion pour l'agriculture. À la fois restaurateur, journaliste et cinéaste, il a consacré à son sujet de prédilection un film porté par Guillaume Canet en 2019, *Au nom de la terre* (plus de 2 millions d'entrées), ainsi qu'une chaîne en ligne, cultivonsnous.tv, et un livre du même nom (Les Arènes, 2021). Dans un portrait que lui consacre *Le Monde*, il l'assure avec bienveillance : il veut *« défendre celles et ceux qui nous nourrissent »* en mettant en relation *« ceux qui produisent, ceux qui transforment et ceux qui consomment »*.

Fer de lance d'un mouvement plus large, Édouard Bergeon n'est pas le seul à reprendre le flambeau d'une agriculture responsable. *« Travailler la terre avec respect en la préservant, prendre soin des animaux et des paysages, être attentif à la qualité des produits, être patient et développer l'entraide sont des qualités qui font des paysans qui optent pour un modèle d'agriculture responsable les pionniers des Lumières à l'âge du vivant »*, écrit ainsi Corine Pelluchon dans son dernier livre, *Les Lumières à l'âge du vivant* (Seuil, 2021). À travers ces lignes, la philosophe entend montrer comment la figure de l'agriculteur / agricultrice pourrait constituer l'un des piliers d'un nouveau projet de société qui serait à la fois *« démocratique »*, *« écologique »* et guidé par *« l'éthique de la considération »*. →

Plus globalement, de l'agriculteur japonais Masanobu Fukuoka à la philosophe française Joëlle Zask en passant par l'écoféministe indienne Vandana Shiva, de nombreuses voix s'élèvent depuis quelques années dans les champs universitaire et militant pour tenter de (re)mettre en valeur un métier longtemps négligé, voire méprisé. Et en faire, si possible, l'un des *role models* dont les générations futures pourraient s'emparer – à condition d'en finir avec les modèles agricoles intensifs du passé. Mais à quelle réalité sociologique correspond cette impulsion philosophique ?

Du stigmate au fantasme

Il va sans dire que cette inversion des normes n'avait rien d'acquis d'un point de vue historique. Tout au long des XIXe et XXe siècles, en France comme dans le reste du Vieux Continent, l'exode rural participe au dépeuplement des campagnes. Dans l'Hexagone, la population urbaine dépasse pour la première fois les 50 % en 1931, mais il faut attendre l'après-Seconde Guerre mondiale pour que le mouvement s'accélère vraiment. Au point que le sociologue Henri Mendras proclame, en 1967, *« la fin des paysans »*.

Cette chute démographique masque une réalité plus complexe, aujourd'hui largement reconnue : soumis à des impératifs économiques de plus en plus importants, les agriculteurs et les éleveurs qui font de la résistance se tournent vers un nouveau modèle industriel, *« s'endettant pour pouvoir se procurer du matériel sophistiqué, acceptant la transformation de leurs fermes en usines et la suppression des bocages et optant pour la monoculture, ainsi que pour l'utilisation de produits phytosanitaires censés augmenter la rentabilité »*. Il en découle, selon le sociologue Gilles Laferté, une double stigmatisation pour les derniers « gardiens du temple » agricole, ceux-ci étant alors jugés soit *« pas assez modernes par rapport au mouvement des grands centres urbains »*, soit, au contraire, complices du *« grand capital »* à travers *« des exploitations industrielles générant pollution et destruction de la biodiversité »*.

Jusqu'au début du XXIe siècle, donc, quand le stigmate semble avoir laissé place au fantasme. Comme le fait remarquer Gilles Laferté, *« l'univers paysan »* est en effet aujourd'hui *« abondamment utilisé dans l'industrie du luxe alimentaire, du fromage au lait cru jusqu'aux vins fins, mettant en scène le régional, l'authentique, le simple, comme garant du bon dans un système d'opposition construit depuis le régionalisme culturel et la gastronomie régionale contre les produits sophistiqués et artificiels »*. Un *« marketing positif »* en somme, qui, s'il marque *« une esthétique presque naturelle »*, s'accompagne d'un renouvellement générationnel bien réel.

Renouvellement générationnel

En témoignent les effectifs des formations agricoles, qui semblent connaître une augmentation inédite. Oscillant entre 200 000 et 210 000 jeunes de 1997 à 2013, ce chiffre était repassé sous cette barre avant de la dépasser à nouveau à partir de 2017, avec un pic à 215 182 inscrits. En 2020, l'enseignement agricole comptait 210 677 inscrits en France, en augmentation par rapport à la rentrée 2019.

Plus généralement, au sein des formations, les liens avec le tissu local se renforcent, comme à l'École nationale supérieure d'agronomie et des industries alimentaires (ENSAIA) de Nancy, où un groupe d'étudiants travaille sur la précarité alimentaire. De même, la mise en place de spécialisations autour du développement durable ou de l'agroécologie est désormais monnaie courante dans la plupart des écoles. Avec, à la clé, des conséquences non négligeables au sein même des familles d'héritiers : *« Le plus compliqué à vivre pour ceux bloqués dans le modèle traditionnel*, expose le sociologue Gilles Laferté, *c'est la critique sociale qui est faite de leur modèle productif par leurs propres enfants. C'est souvent le fils ou la fille, reprenant l'exploitation après avoir été sensibilisé à l'agroécologie dans une école d'agronomie, qui vient heurter les conceptions parentales. »*

Outre la question scolaire, on constate également une féminisation de ces métiers, la part des femmes exploitantes (23 % en 2004 contre 12 % en 1988) ayant augmenté au même titre que la part des filles présentes dans les formations orientant vers le métier d'agriculteur (31 % en 2006 contre 15 % en 1989). *« Historiquement, la profession agricole s'est constituée sur le modèle professionnel du couple exploitant*, note ainsi la sociologue Sabrina Dahache dans son étude 'La singularité des

Le modèle intensif, malgré son empreinte environnementale considérable, reste souvent le plus efficace pour accéder à la rentabilité

femmes chefs d'exploitation'. [...] *Ce modèle, renforcé par la législation agricole et légitimé par les organisations professionnelles, excluait la possibilité d'une professionnalisation pour les épouses de chefs d'exploitation* [...] [Mais] *dans un contexte de mutations de l'agriculture, des changements ont concerné la place des femmes: ces dernières ont manifesté leur quête d'autonomie et réclamé un véritable statut.*» D'où, selon elle, une nouvelle génération de «*jeunes agricultrices* [...] *en rupture avec le modèle classique des femmes en agriculture*».

Place aux «néo-ruraux»

Notons enfin l'arrivée, très médiatisée, des «néo-ruraux», auxquels la sociologue Catherine Rouvière s'est intéressée dans son étude *Retourner à la terre. L'utopie néo-rurale en Ardèche depuis les années 1960* (Presses universitaires de Rennes, 2015). S'intéressant au cas précis de ce département d'Auvergne-Rhône-Alpes, la chercheuse a tenté de résumer ce mouvement à travers cinq moments distincts, dont le dernier serait celui des «altermondialistes», depuis le milieu des années 2000. Le débarquement de ces «ex-urbains» s'amplifie ainsi à l'aune des modèles de la permaculture et de l'agriculture biologique, aujourd'hui de plus en plus plébiscités. Et si, sur le papier, la cohabitation entre «*historiques*» et «*néo*» aurait de quoi générer quelques tensions, «*elle se passe généralement plutôt bien, tout simplement car ces deux populations n'officient pas sur des espaces concurrentiels*», résume Gilles Laferté: «*Les premiers sont dans la course à la grande taille; leur angoisse est de savoir qui va récupérer les terres qui se libèrent; les 'néo', eux, n'ont pas les moyens d'accéder à ces marchés plus grands, à la fois pour des raisons sociales et financières.*»

Le désenchantement se situe finalement ailleurs. «*Depuis dix à quinze ans, les gens qui viennent à l'agriculture le font par choix personnel, souvent en raison d'une volonté de changement de vie*, décrit le géographe Nicolas Senil. *Mais lors de leurs deux premiers mois de formation, leurs idéaux se confrontent à la réalité. Eux qui connaissaient surtout l'agriculture par les livres ou les films, avec une très forte valorisation de la permaculture ou du bio, se rendent compte qu'en faire leur principal revenu va être plus compliqué que prévu.*» Comprendre: le modèle intensif, malgré son empreinte environnementale considérable, reste souvent le plus efficace pour accéder à la rentabilité. D'où la nécessité, selon lui, d'approfondir les liens «*entre les jeunes 'néo' qui arrivent avec leurs idées et ceux qui sont ancrés sur ces territoires depuis plus longtemps, avec d'autres savoir-faire*».

Corine Pelluchon, elle, croit dur comme fer à cette nouvelle impulsion, remarquant dans son livre que «*quand les agriculteurs changent leur mode de production, l'agriculture apparaît comme la solution à la crise globale que nous vivons, y compris aux problèmes relatifs à la désertification des campagnes et aux inégalités territoriales*». Reste à savoir dans quelle mesure ce «*changement du mode de production*» s'amplifiera dans les prochaines années – et sera donc à même de séduire les générations futures •

Le tour de France des couveuses agricoles

Texte Julien Descalles
Photogaphies Fabien Dufour

Chaque année, en France, 20 000 agriculteurs quittent le métier et seulement 13 000 s'installent. Comment mettre le pied à l'étrier à ces jeunes pousses ? Pour le savoir, *Usbek & Rica* a pris la route en novembre 2021 pour un périple en trois étapes, de l'Hérault à la Creuse en passant par le Larzac. Reportage dans ces nouveaux laboratoires des champs qui accompagnent l'activité des néo-paysans.

ÉTAPE 1 À Viviers (Hérault), un « coworking des champs »

En ce début novembre, Montpellier baigne dans un été indien trompeur. À en faire oublier les pluies diluviennes tombées deux jours plus tôt. Amic dresse un rapide état des lieux. La voilà rassurée : cosmos et statices ont bravé la tempête. Jardinière et fleuriste, la trentenaire est l'une des huit « pousses vertes » hébergées sur l'espace-test agricole du domaine de Clapiers, à Viviers, où elle a trois ans pour mûrir son projet d'exploitation. *« La coopérative d'activités Terracoopa met à disposition de chacun d'entre nous un outil de production exceptionnel : un hectare de terres déjà converties au bio, deux serres de 400 m² et du matériel en partage, ce qui réduit considérablement les coûts d'investissement au départ. »* Cette « couveuse des champs » assure aussi un accompagnement personnalisé, des choix techniques à la tenue de la comptabilité ou aux réseaux de commercialisation. Le tout en échange d'une cotisation annuelle de 1 500 euros et 10 % du chiffre d'affaires. *« Fournir une parcelle n'est qu'une de nos missions. Nous testons également la faisabilité technique des projets, leur viabilité économique, leur "vivabilité" aussi. Autre atout : amener des solidarités qui existent de facto quand on est issu du monde agricole, mais plus difficilement accessibles pour des personnes en reconversion »*, souligne Jean-Baptiste Cavalier, animateur du Réseau national des espaces-tests agricoles (Reneta), qui concerne une soixantaine d'acteurs.

Native de l'Hérault, Iris a vécu une première carrière dans une maison de mode parisienne avant de cultiver patiemment son retour aux racines – formation en agroécologie à l'école Du Breuil, à Paris, et stage toscan à la découverte de la distillation des immortelles. Mais avant d'aller cueillir les roses de la vie, restait une épine, et de taille : trouver un lopin de terre à cultiver autour de Montpellier. *« Avant le premier confinement, je me suis mise en quête d'un terrain : non seulement ils se négocient à prix d'or, à plus de 8 000 euros l'hectare, mais en plus les emprises de cette taille-là ne se vendent jamais. »* Une excursion dans les alentours suffit à comprendre le casse-tête : un océan de vignes, bordé d'éco-quartiers, de lotissements neufs et de zones commerciales, où chaque mètre carré à vendre fait l'objet d'une concurrence féroce.

Le salut est donc passé par ce havre jardinier et potager, auquel la jeune femme s'est amarrée début 2021. Parce qu'elle cumule le dispositif avec ses indemnités chômage, elle se sent *« libre de tout essayer pour découvrir ce qui* [lui] *plaît, ce qui fonctionne et ce* [qu'elle devra] *laisser derrière* [elle] ». Trois ans pour faire fleur de tout bois, en témoignent son étal sur les marchés ou ses compositions dans les magasins bio et épiceries des environs. Bouquets comestibles à base d'agastaches anisées, de tournesols, de fenouil ou de verveine, bouquets ornementaux préparés à partir de fleurs cultivées localement ou de cueillettes sauvages dans le bois mitoyen, bouquets séchés… Hors champ, Iris ne chôme pas non plus : elle nourrit son compte Instagram et son site internet. Un séchoir à claies est en cours de bricolage, indispensable pour étayer son offre d'aromatiques, d'infusions, de sels ou de condiments, *« avec le double intérêt d'échapper au manque de récoltes l'hiver et d'atteindre le zéro déchet »*.

À l'heure du déjeuner, partagé sur une table de jardin, les jeunes agriculteurs s'échangent un tuyau sur la pousse de l'ail ou l'adresse d'un Biocoop susceptible de s'intéresser à leurs produits. *« Nous débutons, et nous faisons forcément face à mille questionnements et aléas*, révèle la trentenaire. *Mes feuilles jaunissent : sont-elles malades ? Souffrent-elles d'une simple carence en azote ? Plutôt que de rester seule dans mon coin, je peux solliciter un avis, un conseil technique et désamorcer l'angoisse naissante. »* Une fois par mois, l'échange devient plus formel, lors d'une rencontre avec des maraîchers bio du coin. Quête d'autonomie, besoin de collégialité, réseau partagé : c'est *« une sorte de coworking des champs »*, s'amuse Joseph Le Blanc, cofondateur et cogérant de Terracoopa.

Angélique prend ses marques à la ferme de Lamayou. Elle est bien décidée à perpétuer tant la recette de fromage de chèvre que les valeurs militantes et d'entraide qui règnent sur le Larzac.

Parmi les nombreux maraîchers du site, Frédéric Roger finit de bâcher son lopin de terre, d'où émergent plants de mâche et pousses d'ail, avec de la toile de paillage tissée, un moyen efficace et fidèle à l'agriculture bio de lutter contre le gel et les herbes sauvages. Une bonne pratique retenue de son année d'ouvrier agricole et de deux autres passées sur l'espace-test, où il a aussi appris à lâcher du lest: *« Fini les marchés, trop chronophages. Je vends 100 % de ma production en magasin pour mieux me consacrer à la culture de mes 42 légumes. »*
La stratégie porte ses fruits: depuis septembre 2021, l'ancien cadre dans l'animation jeunesse se dégage un smic. *« Tout compris, cela revient sans doute à du 4 euros de l'heure, mais au moins, j'ai les légumes gratuits »*, rigole-t-il.
La couveuse ou la fin de l'innocence? *« L'une des ambitions, c'est effectivement de "casser" les fantasmes que l'on peut avoir sur le métier avant de l'exercer. De se confronter aux canicules, au froid, à la boue, à la lourdeur des tâches quotidiennes, à la complexité des cultures ou de l'élevage aussi »*, abonde Jean-Baptiste Cavalier. *« Nous avons déjà eu des départs au bout de quelques mois, tant il est difficile de découvrir combien le métier cumule effort physique et charge mentale; mais mieux vaut que cela se passe ici, sans engagement, sans dettes, sans terres ni outils à rembourser durant des décennies »*, prolonge Joseph Le Blanc. Depuis 2007, en France, un « couvé » sur cinq a abandonné son rêve agricole, mais les deux tiers des effectifs parviennent à s'installer à leur compte.
Ils sont alors mieux outillés face au problème initial, la rareté du foncier. *« Après trois ans de test, les aspirants paysans sont plus au clair sur leurs réels besoins, ciblent mieux leurs recherches. Et puis ils sont mieux insérés dans le milieu agricole, ont fait leurs preuves et sont plus crédibles »* auprès des différents organismes qui peuvent les accompagner, remarque Jean-Baptiste Cavalier. *« Nima* (acronyme de « non issu du monde agricole », ndlr) *et femme, on part avec plus de handicaps*, constate Iris. *Il faut davantage jouer des coudes, montrer que l'on sait, prouver. Notre expérience dans la pépinière doit aussi servir à dépasser ces préjugés à la peau dure. »*
La jardinière en herbe est déjà à l'affût du moindre lopin ou d'une ferme à acquérir dans les environs. Avec un ultimatum en tête: *« Avoir trouvé, six mois avant le départ de l'espace-test, un point de chute pour entamer le fastidieux déménagement de mes vivaces. »* Un tic-tac lancinant auquel a échappé Frédéric, qui s'apprête à devenir entrepreneur salarié associé de la coopérative, donc occupant pérenne du site. →

Vent glacial, ciel bas. Une fois franchi le Pas de l'Escalette, la douceur de la plaine languedocienne laisse place à la spectaculaire austérité du haut plateau calcaire du Larzac, sa succession de steppes arides et rocailleuses, et de vastes bois. Un paysage majestueux, classé depuis 2011 au patrimoine de l'Unesco. Ici, les terres sont pauvres, mais l'agriculture prospère : voici près de quarante ans que le causse se repaît, comme les innombrables brebis qui le peuplent, de l'apparent paradoxe. À quel miracle doit-il de compter 20 % de paysans de plus qu'il y a un demi-siècle, situation quasi inédite en Europe ? Assurément, à l'héritage laissé par la célèbre lutte des années 1970, qui poussa l'armée à abandonner les 6 300 hectares dévolus à un projet d'extension de camp militaire. Des terres appartenant à l'État, dont la gestion a été confiée en 1985 à la Société civile des terres du Larzac (SCTL). Aucun des 90 exploitants actuels n'est propriétaire de son terrain ou de sa ferme, les parcelles étant attribuées sous la forme d'un bail de carrière, valable tant que leurs activités agricoles perdurent. Quand l'un stoppe, à charge pour l'office foncier de lui trouver un successeur. Rien de très difficile quand, pour un de perdu, ce sont souvent dix candidatures trouvées.

Ce système est une aubaine pour les Nima, à l'instar de Jonathan et Angélique, couple de trentenaires débarqué sur le causse pour reprendre la ferme de Lamayou, sa bergerie de 79 chèvres, 3 boucs et 22 chevreaux et chevrettes – une rareté sur cette terre de brebis –, sa fromagerie et ses 110 hectares où pâture le troupeau d'avril à novembre. Le tout contre le paiement d'une « valeur d'usage » de 21 000 euros – l'estimation par la SCTL des investissements faits par leur prédécesseur –, un fermage annuel inférieur aux barèmes préfectoraux, et les 160 000 euros nécessaires au rachat des parts du Groupement agricole d'exploitation en commun (Gaec), auquel ils seront prochainement associés avec l'actuelle exploitante des lieux. Soit quatre à cinq fois moins au total que sur le Lévézou, de l'autre côté du Tarn et du viaduc de Millau, où ils cherchaient à s'installer depuis près de deux ans. « *Ne pas être propriétaire, c'est un vrai soulagement. On échappe au crédit à rembourser, et surtout aux objectifs précis de production pour faire face à l'emprunt* », confient l'ex-ingénieur du son féru de jardinage et de maraîchage et l'ancienne éducatrice spécialisée, tout juste sortis du « tunnel », surnom de la bergerie où ils viennent d'assurer aux aurores la première tournée de foin. « *Ici, on a gagné la liberté d'agir comme nous l'entendons. Nous sommes libres de travailler différemment le sol pour nourrir le troupeau, libres de tester d'autres parcours de pâturage pour les bêtes, libres même de nous tromper. Si une récolte est moins bonne que prévu, les conséquences ne seront pas si dramatiques.* » Une vertu du bail de carrière, interdisant à quiconque de venir les déloger, qui « *favorise la réflexion et l'innovation, indispensables sur ce territoire de plus en plus soumis aux sécheresses*, note Chantal Alvergnas, doyenne du conseil de gérance de la SCTL. La recette fonctionne avec, « *pour preuve, la diversification en cours sur une terre traditionnellement dédiée aux fromages de brebis, où l'on produit désormais de la bière, des tisanes, des liqueurs et de l'agneau* ».

Pour Jonathan et Angélique, il n'est pas question de se glisser dans les bottes d'un autre, ni de faire table rase de l'héritage de la ferme. Ils sont d'ailleurs, pour un an encore, des observateurs attentifs de Paule Finiel, maîtresse des lieux depuis 2003. « *Il m'était impensable de tourner les talons sans rien transmettre. Mettre le pied à l'étrier à mes remplaçants, favoriser le renouvellement des générations, cela m'aidera à partir à la retraite le cœur un peu plus léger* », souffle, l'œil humide et la voix émue, celle qui est arrivée en Aveyron en 1989, a travaillé en fromagerie, puis dans les fermes lazarciennes. « *Qu'elle nous accompagne est réconfortant. On ne part pas d'une page blanche, mais d'un terreau – lait cru, vente en direct – qui a déjà fait ses preuves* », se réjouit Jonathan.

De son côté, Angélique, qui a découvert l'art de confectionner le fromage de chèvre auprès d'adolescents en rupture, se montre ravie d'ajuster sa recette initiale « *à la mode de Lamayou* » et se réjouit « *d'avoir posé* [ses] *valises dans une terre aussi militante, dynamique, solidaire. Une tradition d'entraide et de valeurs que l'on entend perpétuer* ». Au

Dans la Creuse, Maximilien Molle, paysan-boulanger, teste le moulin mis à sa disposition par l'association Ilôts Paysans. Sa première fournée de pain au levain est attendue en ce début d'année 2022.

point de ne s'autoriser qu'une seule audace, *« une machine à laver les faisselles, ce n'est pas négociable, ce sera tellement de temps libéré ! »*. Car comme de nombreux néo-paysans, le couple refuse de se retrouver esclave de son exploitation. *« L'un de nos critères était de ne pas gérer une trop grosse structure pour laisser de la place à la vie de famille »*, rappelle son compagnon. Les spectacles de clowns et de marionnettes chez l'habitant, le marché de Montredon et les pièces de théâtre du Mas Razal, qui animent le rugueux hiver, ont été autant d'atouts pour les attirer sur le causse. Car si ce dernier apparaîtra déserté au voyageur trop pressé, avec ses 7 000 habitants éparpillés sur 1 000 km², l'impression est trompeuse, prévient Angélique : *« Le Larzac ne cesse de se repeupler, c'est très confortable de pouvoir élever les enfants dans une zone rurale aussi dynamique ! »*

De même, l'isolement apparent des fermes, à bonne distance les unes des autres, n'est qu'un leurre : qu'il s'agisse de soigner une bête malade ou de vendre tomes, cabécous et autres bûchettes, et tout le réseau construit de haute lutte se met alors en branle. À chaque besoin son outil collectif, à l'instar de l'Association vétérinaires éleveurs du Millavois, structure mutualisant les coûts sanitaires entre plus de 150 élevages des environs. Autre exemple : le Marché Paysan, *« une boutique permanente dans le centre-ville de Millau où sont commercialisés les produits des 25 fermiers associés, et qui marche du feu de Dieu ! »*, s'enthousiasme Paule Finiel, également membre du conseil de gérance de la SCTL.

Reste qu'à l'heure du départ à la retraite des pionniers de ce laboratoire unique – une dizaine de passations ont eu lieu ces trois dernières années –, sa pérennité interroge. Surtout quand de plus en plus de nouveaux s'installent comme associés d'un Gaec, s'affranchissant de toute validation de leur arrivée par le collectif. Pas de quoi inquiéter Chantal Alvergnas : *« Notre but, c'est de maintenir l'activité agricole, voire de la stimuler, pas de choisir ou non le projet. L'important est de pérenniser le nombre et la taille des structures. Parce que la clé de notre réussite, c'est de se prémunir contre la course au gigantisme »*, qu'elle perçoit comme une *« entrave »* pour les nouveaux arrivants et une des raisons de *« la crise de main-d'œuvre »*. →

Étape 3 Les Combrailles (Creuse), une exploitation familiale fait le pari du collectif

C'est un trou de verdure où chantent les vaches et les hérons, un petit val qui mousse de légères précipitations. Dans ce décor bucolique des Combrailles, à l'heure où les chênes prennent leurs couleurs d'automne, Maximilien Molle entame les premiers jours du reste de sa vie. Le blé bio a tout juste été semé sur une moitié de champ, avant que la pluie ne vienne interrompre la besogne. Pas de quoi laisser le jeune papa de 31 ans désœuvré: l'atelier de meunerie est encore à installer, le four à pain à faire renaître de ses cendres, les fagots de bois pour le nourrir à stocker, et les petits travaux de maçonnerie se multiplient. Si le levain prend comme il l'espère d'ici à trois ans, l'unique bizut de l'espace-test agricole permanent implanté sur la ferme Lo Gano des Combrailles pourrait prendre racine. « *Je ne suis pas là uniquement pour vérifier que l'activité fonctionne, puis la reproduire ailleurs. Ici, j'ai tout, et avec une telle facilité! Des terres, du matériel, un atelier, une expertise sur les cultures, un réseau de distribution... Pourquoi ne pas s'y épanouir pour longtemps?* »

L'envie est partagée par le propriétaire, dont la « couveuse » cache une particularité. Exploitation familiale depuis des générations, elle entame, avec l'arrivée de Maximilien, sa mue en ferme collective. Du moins est-ce le souhait du dernier rejeton de la famille Chevallier, Cyrille, qui a donc rebaptisé les lieux: « *Lo Gano, c'est la confluence en patois. Référence à l'envie de faire rencontrer ici plusieurs personnes ayant la même envie d'une agriculture résiliente, reconnectée aux habitants, créatrice d'emplois ruraux. Comme deux rivières qui se croisent font un fleuve, cette première expérience doit provoquer d'autres arrivées, et une diversification des cultures* », précise celui qui a été marqué dans son enfance par « *la solitude de* [son] *père, éleveur d'agneaux et cultivateur de céréales et de chanvre* ».

Ex-animateur des Centres d'initiatives pour valoriser l'agriculture et le milieu rural (Civam), le fils prodigue est revenu sur ses terres en tant qu'exploitant fruitier. Avec pour seuls besoins 5 des 40 hectares du domaine pour produire cassis, framboises, mûres, groseilles, rhubarbe, pommes et poires. Plutôt que vendre ou louer aux voisins, « *et participer à l'agrandissement et à la mécanisation des exploitations* », il décide de convertir ses hectares en foncier pour aspirants paysans en bio. Et s'appuie pour recruter sur l'association auvergnate Ilots Paysans, qui fournit une aide administrative « *et même un moulin* » au futur mitron, lequel partage avec Cyrille l'idée d'une production transformée et distribuée en circuit court.

À l'issue d'une année de *woofing* à multiplier les expériences auprès de poules pondeuses, vaches allaitantes, chèvres ou cultures maraîchères, Maximilien s'est vu en paysan-boulanger. « *Pour le côté touche-à-tout, à la manière de Robinson Crusoé, compagnon de mon enfance. Un métier où il faut être stratège, producteur, commercial, travailler le vivant, les bactéries et fréquenter les clients.* » À rebours du distributeur automatique de pain de Dontreix, le village voisin, l'ex-étudiant en kiné et en biologie cible Amap et marchés de plein vent dès ses premières fournées, prévues en ce début d'année 2022. Une course contre la montre engagée après une formation de neuf mois, « *restée souvent théorique* », pour décrocher son brevet professionnel « Responsable d'entreprise agricole » (BPREA), mais avec un soutien de poids: Jean-Claude, le père de Cyrille, son « *savoir-faire, sa connaissance unique de sols qu'il a cultivés toute sa vie durant* », est un moniteur idéal pour les premiers tours de tracteur. Le sexagénaire, retraité depuis quelques mois, y a aussi trouvé son compte: « *Son arrivée, ses questionnements, sa curiosité m'ont évité un arrêt trop brutal, j'ai vraiment l'impression de passer le témoin.* » Ce n'est pas si courant dans la Creuse, où l'on recense une installation pour trois départs.

Les Chevallier, eux, ont attendu plus de trois ans pour trouver chaussure à leur pied, faute de candidats. « *Notre métier reste difficile et prenant*, rappelle Cyrille. *Et puis, il ne faut pas perdre de vue que les prétendants, souvent en reconversion, ont besoin de plusieurs années de formation, de stages, d'expériences agricoles avant de basculer.* » Accueillir d'autres *cofarmers* est « *une démarche de longue haleine* ». Alors autant s'y mettre tout de suite.

Le pari tech et management du campus Hectar

Et si l'agriculture du futur s'inventait dans un écrin du XVIIIe siècle ? Depuis la rentrée de septembre 2021, le domaine de La Boissière, qui abrite plus de 600 hectares de terres cultivées et de bois au cœur du parc naturel de la Chevreuse (Yvelines), s'est mué en campus Hectar, où se mêlent entrepreneurs agriculteurs en devenir et start-ups aux pouces verts. Le projet de cette école faisant aussi office d'incubateur et d'accélérateur de projets agroécologiques a germé dans l'esprit d'Audrey Bourolleau, ex-conseillère sur l'agriculture d'Emmanuel Macron à l'Élysée, et Xavier Niel. Le duo y a investi plus de 23 millions d'euros. Pour les 360 premiers « couvés » attendus cette année dans cet établissement qui s'inspire de l'école d'informatique 42, pas d'instruction technique, pas d'apprentissage des gestes du quotidien dans une ferme, ni de diplôme reconnu par l'Éducation nationale : *« Notre rôle n'est pas d'apprendre l'opérationnel – beaucoup d'acteurs traditionnels le font très bien –, mais de former des porteurs de projets à l'économie et au management d'une exploitation, afin de "dérisquer" leur future installation. Notamment en réalisant un check-up complet pour vérifier qu'ils sont viables économiquement, socialement justes et environnementalement durables*, explique Francis Nappez, directeur général de l'établissement. *Il n'y a rien à perdre à être prêt lorsque l'on se présente devant les banques, les Safer* (sociétés d'aménagement foncier et d'établissement rural, ndlr), *les points "accueil installation" des chambres d'agriculture ou les exploitants sur le départ pour solliciter un emprunt ou une transmission, non ? »* Les cours font la part belle à la nécessité de diversifier ses activités, mais aussi aux nouvelles technologies. *« Nous n'attirerons pas de forces vives souvent en reconversion, ayant déjà une vie de famille, et pas prêtes à tous les sacrifices, à travailler 24 heures sur 24 et 7 jours sur 7, sans soulager la pénibilité du travail, garantir la rentabilité des exploitations et une rémunération correcte, et préserver l'outil de travail, les sols et la biodiversité. D'où la volonté d'être démonstrateur de solutions technologiques »*, précise l'ancien cadre de BlaBlaCar. Au programme, donc : serres connectées, fermes verticales, robots de désherbage – *« une corvée qui occupe 30 à 40 % du temps des maraîchers »* – ou encore applications s'appuyant sur l'intelligence artificielle pour mieux optimiser les tâches. Hectar abrite également une exploitation laitière pilote, fruit d'un partenariat avec Danone, qui comprend 70 vaches équipées de colliers électroniques pour monitorer leur état de santé et leurs déplacements. L'exploitation se caractérise aussi par ses clôtures sans fil, son système de pâturage dynamique et une seule traite par jour. *« Pour ne pas être prisonnier de son exploitation, ne pas en subir le rythme. »* Pas la plus modeste des ambitions.

« Pour nourrir la France en bio, on a besoin d'un million d'emplois agricoles

Plus de 7 000 hectares agricoles et 265 fermes ont été préservés en France grâce à la fédération Terre de Liens, qui lutte depuis 2003 contre la concentration foncière et l'artificialisation des sols. Un bilan positif mais insuffisant : aujourd'hui, son directeur, Benjamin Duriez, appelle à changer d'échelle sans tarder.

Propos recueillis par Christelle Granja
Photographie Terre de Liens

USBEK & RICA Vous voyez dans les dix prochaines années l'occasion d'une mutation profonde de notre modèle agricole. Pourquoi la période actuelle est-elle si propice au changement ?

BENJAMIN DURIEZ D'ici à 2030, nous prévoyons qu'entre 40 et 50 % des agriculteurs partiront à la retraite. Nous sommes donc au début d'une décennie qui verra 200 000 personnes quitter leurs exploitations et environ un quart de la surface agricole française, soit 7 millions d'hectares, changer de main. Cela ouvre une précieuse fenêtre de tir pour transformer notre modèle agricole et alimentaire, et mettre en œuvre les changements que la société souhaite voir advenir. Mais nous craignons aussi que cette période clé n'entraîne l'amplification de phénomènes à l'œuvre depuis soixante ans, à savoir l'agrandissement des surfaces, la baisse continue du nombre d'agriculteurs – 1,9 million d'exploitations ont disparu depuis 1960 – et leurs corollaires que sont une mécanisation et une pollution croissantes. La position des pouvoirs publics sur le sujet reste opaque. Dans les discours perce parfois la volonté de favoriser les nouvelles installations, mais le plan France 2030 présenté à l'automne 2021 par Emmanuel Macron va plutôt dans le sens d'une agriculture sans agriculteurs, avec des investissements massifs dans la robotique et la génétique.

U&R Terre de Liens facilite l'achat collectif et citoyen de terres agricoles. À défaut d'engagement politique national, les particuliers peuvent-ils porter le changement ?

B.D. L'agriculture et l'alimentation sont des sujets de société qui doivent être débattus et repolitisés : ils ne doivent pas être réservés aux experts. Il faut redonner le pouvoir de décision aux citoyens et faire de la terre agricole un bien commun. C'est pourquoi nous proposons d'agir concrètement à ceux qui souhaitent la transition vers une agriculture de proximité, biologique et à taille humaine. Différents registres d'engagement sont possibles : donner une partie de son épargne, devenir adhérent, bénévole, fermier... Si on veut une agriculture moins carbonée, en circuits courts, avec des produits transformés localement, il faut davantage de main-d'œuvre, à tous les niveaux. Notre convertisseur alimentaire Parcel, accessible en ligne, montre que demain, on peut nourrir toute la France en agriculture biologique et locale, à condition d'y consacrer un million d'emplois agricoles. Plutôt que diviser par deux le nombre d'agriculteurs, il faut le multiplier par deux, voire le tripler. Aujourd'hui, 60 % des nouveaux candidats à une terre ne sont pas issus du milieu agricole. Encore une fois, ce renouvellement générationnel ouvre la possibilité d'un changement.

U&R Pour aider ces nouveaux profils d'agriculteurs à trouver une ferme, Terre de Liens a mis en place la plateforme Objectif Terres, qui évoque un Boncoin des sols agricoles. Quel premier bilan en dressez-vous ?

B.D. Cette plateforme répond à un besoin, car s'il existe un fichier national des terres disponibles, il recense surtout les très grandes exploitations, et beaucoup de candidats qui sont dans une démarche d'agriculture biologique et paysanne ne trouvent pas de ferme correspondant à leur projet. Nous tenons le rôle d'intermédiaire entre les offres et les demandes dans toute la France et nous proposons aussi un accompagnement en amont aux personnes qui souhaitent s'installer. Mais pour un nouvel agriculteur que nous aidons, il en faudrait cinquante ! Nous croyons beaucoup à la vertu de l'exemple : elle peut être un levier dans le changement d'échelle nécessaire auquel nous appelons. Mais ce dernier ne se fera pas sur Terre de Liens, sinon la grenouille exploserait ! Les moyens citoyens et associatifs ne suffisent pas à l'achat de 7 millions d'hectares. Les politiques, à tous les niveaux, doivent s'engager dans cette transformation et y consacrer des moyens. Cela sous-entend de s'attaquer à des intérêts très ancrés : ceux des propriétaires fonciers, des syndicats agricoles et des chaînes agro-industrielles produisant engrais et pesticides. Qu'aura-t-on dans nos assiettes demain ? Cela dépendra de ce qu'on fait de notre foncier agricole aujourd'hui.

« Pour que la spiruline devienne l'aliment du siècle... »

À la fin des années 1990, une poignée de paysans français décide de réveiller la culture de la spiruline, une cyanobactérie vieille de 3,5 milliards d'années et présentée par l'OMS comme *« le meilleur aliment pour l'humanité au XXIe siècle »*. Aujourd'hui, près de 300 aquaculteurs français cultivent cet or vert dans leurs serres. Reportage en Gironde, où plusieurs de ces spiruliniers français se sont établis.

Texte et photographies Millie Servant

« Cela fait trois ans que je la regarde, et aujourd'hui je peux dire d'un coup d'œil si elle va bien ou pas. Là, je vois qu'elle est tranquille, elle se repose. » « Elle », c'est une bactérie, ou plus exactement une cyanobactérie, c'est-à-dire un micro-organisme présent sur Terre depuis trois milliards d'années sous forme de cellules bleu-vert. Gilles Petit, quinquagénaire en reconversion, la bichonne avec dévouement depuis 2018 : d'abord dans un petit aquarium stocké chez lui, puis dans la serre de sa ferme à Saint-Denis-de-Pile, à quelques encablures de Libourne. *« J'ai fait grandir ma spiruline comme le faisaient les anciens : d'abord un litre, puis deux, puis trois, puis dix, puis cent, puis un petit bassin de 10 m2, un grand de 50 m2, etc. »*

Bombe nutritionnelle

La souche de Gilles vient du Pérou. Là-bas, elle grandit à l'état naturel dans le lac de l'oasis de Huacachina, où elle trouve ce qui lui faut pour grandir : un climat chaud, une eau saumâtre et alcaline, et des déjections d'animaux. La cyanobactérie y prolifère par simple photosynthèse. En Amérique du Sud, comme en Afrique centrale et en Inde, la consommation de spiruline est tout sauf nouvelle : au Tchad, on la récoltait dès le IXe siècle en surface des lacs pour la consommer sous forme de galettes vertes. Mais en France, Gilles n'a ni le climat indien, ni les oasis péruviennes, et encore moins les déjections des flamants roses africains. Alors il reproduit les conditions d'existence de la spiruline hors de son milieu endémique : une serre pour les tropiques, de l'eau salée et basique pour le lac et de l'engrais pour l'azote. Comme lui, quelques centaines de Français ont adopté leur propre souche de spiruline, qu'ils cultivent en milieu artificiel simplifié. La plupart sont des professionnels reconvertis qui ont trouvé dans la cyanobactérie une nouvelle vocation. Il faut dire que le CV de la petite verte impose le respect : en plus d'avoir contribué à l'apparition de la vie sur terre – grâce à la photosynthèse –, la spiruline est une bombe nutritionnelle : riche en protéines, vitamines, minéraux et oligo-éléments, elle fait partie des aliments les plus nutritifs au monde. *« Dans les années 1950, des explorateurs belges ont réalisé que les populations vivant autour du lac Tchad et consommant de la spiruline ne souffraient pas de malnutrition, contrairement à leurs voisins »*, raconte Gilles. Depuis, tout le monde se l'arrache. Elle a même tapé dans l'œil des professionnels du spatial pour nourrir les astronautes en mission.

« Plus agiles »

À 50 kilomètres de chez Gilles, Fatima Hamaidi a elle aussi craqué devant les pouvoirs de ce super-aliment. En 2018, elle plaque sa carrière en direction commerciale dans une multinationale et ouvre sa propre ferme à Bruges, en Gironde. Entretemps, elle a rencontré Laurence, qui a monté seule sa propre exploitation près de Marmande, et surtout la Fédération des spiruliniers de France, qui organise depuis 2009 le réseau des producteurs paysans français. *« Dans le maraîchage, les agriculteurs travaillent de manière isolée, et si on n'est pas issu d'une famille d'agriculteurs, il faut travailler deux fois plus travailler pour apprendre le métier. La culture de la spiruline, c'est différent : on est tous en reconversion et on explore un métier nouveau, alors on s'entraide plus qu'on ne se tire dans les pattes »*, raconte Fatima. →

On ne cultive pas des cyanobactéries comme on plante des choux. Dans les bassins ensemencés et chauffés par le soleil, la spiruline prolifère en quelques jours. Récoltée à l'aide d'une pompe, l'eau verte est filtrée pour ne garder que la cyanobactérie, qui forme une épaisse crème couleur émeraude. Essorée et compressée sous forme de pâte, la spiruline est ensuite étalée en spaghettis, puis séchée à basse température pendant six à huit heures. L'opération est répétée plusieurs dizaines de fois par saison, de mars à novembre. Un mode de production qui présente bien des avantages. D'abord, le coût d'équipement est moindre: une serre de taille modeste et un petit laboratoire suffisent pour se lancer. *« Nos plus gros investissements, ce sont la bâche alimentaire utilisée dans les bassins et la machine pour sécher les brins de spiruline »*, confirme Arthur Floréan, qui a rejoint Fatima sur l'exploitation. Ensuite, son rendement en protéines est nettement supérieur à celui de la culture céréalière: 9 tonnes de protéines par hectare contre 1 seulement pour le blé. Enfin, les ratés sont moins spectaculaires que pour les cultures de pleine terre: *« On est plus agiles*, poursuit Arthur. *Si on rencontre un problème dans un bassin, on ne perd pas la saison pour autant: on le purge et on repart sur un bassin neuf. »*

Concurrence chinoise

Conditionnée sous forme de brindilles, de poudre ou de comprimés, la spiruline doit ensuite trouver ses consommateurs. Or, l'eldorado de l'or vert promis dans les médias, Gilles ne l'a pas encore vu: *« J'ai rencontré des difficultés là où je m'y attendais le moins. Je pensais que le plus dur serait de monter l'installation, de produire et de m'habituer à la vie néo-rurale, mais en fait c'est plutôt de vendre. »* Et pour cause: la concurrence de la spiruline chinoise bon marché est rude, et il est parfois difficile de défendre la valeur de son travail. *« Tout le monde veut travailler avec des petits producteurs, mais tous veulent faire × 2 sur notre dos »*, s'agace Gilles. Pour distribuer sa spiruline, l'aquaculteur collabore avec des magasins de producteurs, des herboristes, vend sur les marchés du coin, sur Internet et via les AMAP. *« Sans la distribution en circuit court, je n'ai pas de salaire. Dans les magasins de producteurs locaux, j'ai le chèque tout de suite, alors que la grande distribution attend souvent deux à trois mois pour payer ses fournisseurs. »* Comme Fatima et Arthur, Gilles ne s'attend pas à rouler sur l'or, mais il veut pouvoir vivre de sa passion sans devenir *« ni misérable, ni marchand de tapis »*. Tous espèrent pouvoir se dégager un salaire dans les prochains mois.

Les producteurs se heurtent également à un manque de reconnaissance auprès des instances de niveau national et européen, qui ne facilitent pas leur obtention du label Agriculture Biologique. Cyanobactérie vivante, la spiruline a été classée dans la catégorie des algues marines en 2017, malgré des propositions pour une spiruline biologique et écologique de la FSF qui travaille sur ce sujet depuis 2009. *« Ce n'est pourtant pas une algue, et elle n'évolue pas en milieu marin »*, déplore Amandine Leruste-Calpena, chargée de R&D au sein de la Fédération des spiruliniers de France. Problème: cette classification empêche les producteurs d'utiliser une source d'azote à base d'intrants d'origine animale et locale pour produire avec le label AB. *« Le purin de Bretagne que nous utilisons en guise d'engrais est refusé alors qu'il a toujours été utilisé en agriculture. Pour devenir AB, on pourrait se servir du soja fermenté en guise d'engrais d'origine végétale*, précise Arthur, *mais il vient du Brésil et encourage la déforestation... On ne veut pas travailler comme ça. »* Pour pallier l'absence de label, la Fédération a travaillé sur une « marque paysanne » pour garantir des produits *« de qualité, qui ont du goût et qui sont travaillés en circuit court et dans des fermes à taille humaine »*. Mais ça ne suffit pas. *« Depuis 2019, on observe une chute catastrophique du chiffre d'affaires des spiruliniers français*, continue Amandine Leruste-Calpena. *Ils subissent de plein fouet la concurrence des spirulines bio étrangères, alors que celles-ci ont un coût environnemental parfois largement supérieur. »* En janvier 2020, même le réseau Biocoop a sorti la spiruline paysanne française de ses rayons pour la remplacer par des références bio importées.

Feu vert pour l'apéro

L'autre enjeu, c'est la connaissance du produit par ses potentiels clients: le spirulinier ne doit pas simplement faire connaître son offre, il doit faire connaître la spiruline elle-même. Heureusement,

Contrairement à la ferme de Fatima et Arthur (photo page 138) qui est installée dans la campagne périurbaine de Bordeaux, l'exploitation de Gilles est au milieu des champs, en bordure d'un bourg de 5 000 habitants.

l'éventail des potentiels consommateurs est vaste. *« C'est un produit qui convient aux deux extrémités du spectre*, confirme Fatima. *La spiruline est nutritive, détoxifiante et rééquilibrante à la fois. Elle est adaptée aussi bien aux populations qui souffrent de malnutrition qu'aux Européens dont les assiettes sont de plus en plus pauvres en nutriments essentiels. »* Seniors, sportifs, étudiants, familles : dans les fermes de Gilles et de Fatima, les publics se suivent, mais ne se ressemblent pas. La conquête de nouveaux clients, elle, passe par celle de nouveaux points de vente : *« Vendre notre spiruline en grande surface permettrait d'atteindre un public qui ne toquerait pas naturellement à la porte de notre ferme »*, envisage Fatima. Mais le vrai levier, c'est l'extension des modes de consommation. Pour Noël, elle expérimente d'ailleurs la vente d'*energy balls* mélangeant spiruline fraîche, dattes, poudre d'amande, de pistache, de graines de courge et de cacao, autour d'un cœur noisette. *« Le but du jeu, ça va être d'inscrire la spiruline dans le quotidien des gens. Dans cette optique, la commercialiser fraîche serait plus intéressant, mais c'est difficile car, sans séchage, elle se conserve moins longtemps. »*

À défaut d'alimenter toutes les assiettes, le produit nourrit la recherche : en septembre 2021, Hugo Valentin, Pierre Mignon et Marc Cirou ont lancé Ammi, une gamme de produits à base de spiruline fraîche. Pestos, houmous, olivades : leur secret, c'est de mélanger 20 % de spiruline fraîche à d'autres ingrédients pour étendre la durée de conservation de trois jours à six mois, et révéler son goût *umami* (la « cinquième saveur » après le salé, le sucré, l'amer et l'acide). *« Pour que la spiruline devienne vraiment l'aliment du siècle, il faut qu'elle soit sympa à manger*, explique Hugo. *Or il se trouve qu'elle a justement un potentiel culinaire formidable. »*

Pour acheter la spiruline fraîche, Ammi se fournit auprès du second plus gros producteur de l'Hexagone, une exploitation de 7 000 m² dans le sud de la France. *« On aimerait à terme travailler en multi-local avec les paysans, mais certaines fermes sont encore un peu jeunes pour s'aligner sur les prix et les volumes »*, détaille Hugo. Les paysans eux-mêmes explorent de nouvelles manières de consommer la belle verte : avec du miel, du chocolat ou même du vin. Fatima et Arthur, eux, rêvent de douceurs couleur émeraude, et Gilles de sirop concentré en phycocyanine, la molécule qui colore la cyanobactérie. Une diversification indispensable pour faire de la France le pays de l'or vert ●

Parce qu'elle structure nos conditions d'existence, la nourriture constitue le levier d'un futur durable et résilient, nous dit Carolyn Steel, dont le livre *Sitopia, comment la nourriture sauvera le monde*, vient de paraître en français (Rue de l'Échiquier, 2021). D'après l'architecte urbaniste britannique, nous avons besoin qu'au moins 20 % des actifs travaillent dans l'agriculture.

Propos recueillis par Benoît Hervieu-Léger
Photographie Eroll Jones

« Nos dirigeants sont terrifiés par la nourriture »

USBEK & RICA L'ambition de votre livre est formulée dans son sous-titre : *Comment la nourriture sauvera le monde*. De quoi le sauvera-t-elle ?

CAROLYN STEEL C'est une idée de mon éditeur [*rires*], qui m'a fait remarquer que le mot *Sitopie* [*conjonction de* sitos, *la nourriture, et de* topos, *le lieu, ndlr*] n'évoquerait pas grand-chose aux lecteurs. Mon constat est que l'humanité a atteint un seuil incroyable en matière de capacité technologique. Il n'a fallu que quelques mois pour mettre au point des vaccins contre le Covid-19. Or, face aux défis auxquels nous sommes exposés en tant qu'espèce, que faisons-nous d'une telle capacité ? À quoi doit-elle servir ?
Nous affrontons une crise philosophique. Quand nous parlons du monde, nous parlons de vingt mille ans de relative stabilité climatique. Cet équilibre est désormais rompu. Nous ne vivons pas bien, tant dans nos relations au vivant qu'entre semblables. Nous mesurons aujourd'hui les dégâts causés par deux cents ans d'industrialisation capitaliste censée nous offrir la meilleure vie possible. Ce système n'aura profité qu'à une petite partie de la population. Pis, le capitalisme industriel considère la nature comme un vivier de ressources infini et expansible. Sauver le monde, dès lors, c'est le sauver en un sens de nous-mêmes, de cette création monstrueuse qu'est l'*Homo economicus*, ce consommateur invétéré, individualiste et gourmand.

U&R Qui doit être à l'initiative de la révolution par l'alimentation que vous prônez ? Le citoyen consommateur, les gouvernants ?

C.S. Nos dirigeants sont terrifiés par la nourriture. Les révolutions ont partie liée avec elle. La Révolution française a surgi de l'incapacité du pouvoir en place à nourrir le peuple de Paris. Avec l'essor du capitalisme industriel, les politiques ont délaissé la responsabilité qui était la leur de nourrir leur population en se reposant sur l'industrie. Et maintenant que constatent-ils ? Que les citoyens ne sont pas bien nourris et que l'industrie dévaste la planète ! Boris Johnson a eu une formule révélatrice à l'entame de la COP26, en citant *« coal, cars and cash »* [*le charbon, les voitures et l'argent, ndlr*] comme les secteurs où l'action écologique doit s'exercer en priorité. Il aurait pu ajouter « les vaches », mais a préféré mentionner *« les arbres »* (*« and trees »*) en passant sous silence le lien direct entre déforestation et élevage intensif.
La révolution alimentaire doit venir de tout le

monde. Comme nous le rappelle l'économiste Ernst Friedrich Schumacher, le producteur et le consommateur – et j'ajouterais le citoyen – sont une seule et même personne. Réhumaniser l'économie implique donc de poser la question centrale de ce que serait une bonne vie pour chacun. Les penseurs anarchistes classiques nous le disaient déjà : *« Cultivez des pommes de terre le matin, fabriquez des meubles l'après-midi et écrivez de la poésie le soir.* » Quelle économie et quel cadre peuvent satisfaire à ce mode de vie ? La nourriture est le lieu où se combinent la nécessité et le plaisir. Elle structure nos conditions de vie. C'est donc à partir d'elle qu'il faut repenser nos existences.

U&R En tant qu'architecte, vous articulez la question alimentaire à celle de l'aménagement urbain. Vous citez notamment l'écoquartier BedZED inauguré à Londres en 2002. En quoi pourrait-il faire modèle dans nos sociétés de plus en plus urbanisées ?

C.S. Le confinement nous a montré que grâce à Internet nous n'avions pas besoin de vivre en ville pour être connectés. Tout le monde ne peut pas s'offrir une piscine, un court de tennis ou un verger, mais tout le monde peut partager un magnifique verger, un beau court de tennis ou une superbe piscine. Nous pourrions passer à un modèle beaucoup plus communautaire, et BedZED correspond à ce schéma. Chacun y vit dans sa maison, mais a accès à des espaces communs comme le jardin, les salles de réunion, les cuisines ou les lieux de travail. Ce dispositif permet de diminuer les ressources consommées, mais aussi de créer du lien entre la communauté des habitants et des circuits alimentaires locaux. Des fermes livrent de la nourriture au sein du complexe résidentiel. En Belgique et aux Pays-Bas aussi des communautés d'habitants, généralement d'une trentaine de familles, souscrivent sur Internet auprès de fermes locales pour qu'elles leur livrent de la nourriture. L'alimentation soutient alors une formidable expérience de lien social.

U&R À l'inverse de l'humoriste français Alphonse Allais, qui suggérait de *« bâtir des villes à la campagne »*, le dessein sitopien consiste-t-il à réinstaurer de la campagne en ville ?

C.S. Peut-être pas à ce point ! Mais il est clair que les campagnes peuvent fournir à la ville ce que la ville ne peut pas délivrer elle-même. Disons que les villes devraient être « aux trois quarts » urbaines et les campagnes « aux trois quarts » rurales. La campagne a besoin d'éléments d'urbanité, d'infrastructures, d'écoles, d'hôpitaux ou de services de police, en plus de l'espace permettant de laisser prospérer la nature et de produire de la nourriture. Les villes ont, à leur tour, besoin de nature. En tout cas, il est indispensable de revaloriser la ferme et ses activités, à rebours de ce qui a été fait au XXe siècle.

U&R S'agit-il de faire de chacun un paysan ou un travailleur agricole, au moins à temps partiel ?

C.S. Non, bien sûr que non ! Beaucoup de gens qui me lisent ou m'écoutent me soupçonnent de vouloir convertir tout le monde à la paysannerie. Pas du tout ! Et je n'ai jamais dit non plus que tous devaient renoncer à leur téléphone portable ou aux technologies. Cela dit, nombreux sont ceux qui voudraient travailler la terre et produire de la nourriture, mais ne le peuvent pas, car cette activité n'est pas rémunérée à sa juste valeur et parce qu'ils n'ont pas accès au foncier.
Par ailleurs, oui, nous avons besoin de plus de fermiers face aux défis alimentaires. Combien ? Une proportion équivalente à celle qui prévalait avant la Seconde Guerre mondiale. En 1800, tout le monde était paysan et 3 % de la population globale vivait en ville, comme le souligne dans ses livres le berger et écrivain britannique James Rebanks. Après les guerres mondiales, nous sommes brusquement passés à une agriculture intensive et à grande échelle, dévastatrice pour la plupart des agriculteurs qui ont le souci de l'entretien du paysage, de leurs animaux et du cadre de vie autour de leur ferme. Un écocide s'est superposé à un génocide. Un scénario idéal d'équilibre se situerait autour de 20 % d'actifs en agriculture et en élevage. Avec des méthodes différentes.

U&R À quelle échelle l'utopie sitopienne peut-elle se réaliser, sachant que le défi alimentaire, désormais, concerne aussi les sociétés d'abondance et que la Banque mondiale table sur 200 millions de réfugiés climatiques à l'horizon 2050 ?

« Je m'inquiète moins de ce que mangeront dix milliards d'habitants sur Terre que de ce qu'ils feront »

C.S. Les solutions que je propose dans mon livre concernent surtout l'Europe de l'Ouest et l'Amérique du Nord. La donne sera évidemment différente dans d'autres parties du monde, si ce n'est que, globalement, de nombreuses populations rurales ont été éjectées de leurs terres afin d'imposer de grandes productions en monoculture. Ces populations n'ont pas voulu partir. D'où l'importance de réellement protéger leurs droits. Si nous décidions, par exemple, de ne plus consommer de viande issue d'élevages établis sur des sols générés par la déforestation au Brésil, automatiquement nous défendrions les petits exploitants brésiliens. Leurs terres ne seraient plus convoitées comme c'est le cas aujourd'hui.

La production alimentaire et l'agriculture représentent actuellement 30 % des émissions mondiales de gaz à effet de serre. Cesser, par exemple, d'utiliser des fertilisants chimiques et stabiliser les écosystèmes locaux contribuerait à promouvoir une agriculture plus résiliente. Il est d'ailleurs possible, par une agriculture régénérative, de restaurer des zones désertifiées. Un programme global et mutualisé en ce sens permettrait aux populations de demeurer là où elles se trouvent. Sans négliger l'apport des technologies, des méthodes traditionnelles d'agriculture méritent d'être revalorisées. Un ami qui travaille au Malawi sur les déchets alimentaires m'a expliqué que là-bas les populations recourent à la circulation naturelle de l'air après les récoltes, au lieu d'utiliser des machines de séchage polluantes. De tels modèles traditionnels se révèlent bien plus résilients. Face à l'urgence climatique, nous devons repenser nos manières de cultiver les sols et de produire des aliments. Quitte, parfois, à laisser agir la nature.

U&R Pour l'humanité, le futur se réduit-il à l'alternative extrême : réapprendre à se nourrir ou bien finir en pastilles comestibles comme dans *Soleil vert* ?

C.S. Le choix est bien posé [*rires*] ! En réalité, je m'inquiète moins de ce que mangeront dix milliards d'habitants sur Terre que de ce qu'ils feront. Quel sens aura leur activité ? Historiquement, la majorité de la population travaillait pour se nourrir. Cette vie était dure et il ne s'agit pas d'y revenir. Nous disposons aujourd'hui de beaucoup plus de savoirs et de moyens, nous vivons presque tous en ville et tout se robotise. Alors qu'allons-nous faire de nos journées ? Boulotter du *Soylent Green* ? *Sitopia* est une proposition philosophique à partir de la nourriture. À ma modeste place, j'essaie d'imaginer le projet de long terme d'un futur où il fait bon vivre. On me traitera d'utopiste, mais certaines « utopies » sont devenues bien réelles. Des mouvements traversent les sociétés civiles. Ils n'ont pas encore atteint les politiques, hormis les partis écologistes, à qui il reste à formuler plus franchement l'horizon d'une économie verte •

L'agriculture urbaine à la croisée des chemins entre capitalisme vert et agroécologie

Si ses vertus sociales et environnementales ne sont plus à prouver, l'agriculture urbaine demeure marginale en matière de production alimentaire. Un changement d'échelle est-il possible ? Sans doute. À condition, toutefois, de trouver suffisamment de mètres carrés et de ne pas miser sur le tout technologique.

Texte Benjamin Leclercq
Photographie Pat Whelen

Années 1970. New York décline. Une crise sans précédent (financière, sociale, urbaine) pousse ceux qui le peuvent à déserter la grosse pomme. L'exode est tel qu'il constelle la ville de trous, de parcelles abandonnées, de recoins délaissés. Pas pour longtemps : la nature a horreur du vide, les New-Yorkais aussi. Bientôt, les vingtenaires militants des *green guerillas* balancent par-dessus les palissades leurs premières *seed bombs* – des boules de Noël ou des capotes remplies de graines à germer –, les immigrés caribéens improvisent des jardins communautaires, les citoyens afro-américains des quartiers paupérisés créent des potagers... Le végétal revient en ville.

Années 2020. L'agriculture urbaine fête ses 50 ans – du moins en Occident. On élève désormais des bars rayés sur les toits de Bruxelles, des fraises sur ceux de Montréal, des laitues dans les hangars high-tech de Copenhague, des champignons dans les souterrains parisiens et des tomates cerises un peu partout. Selon l'Organisation des Nations unies pour l'alimentation et l'agriculture, il est aujourd'hui possible de produire 50 kilos de produits frais, fruits et légumes, par mètre carré et par an en milieu urbain. De quoi rêver, demain, de villes nourricières, voire autosuffisantes ?

Cinquième façade

Pas vraiment. Ou du moins pas encore. Si l'agriculture urbaine progresse à vitesse grand V, sa part dans l'approvisionnement global reste confidentielle. *« En France, l'autonomie alimentaire des 100 premières aires urbaines est d'environ 2 %,* souligne Flaminia Paddeu, docteure agrégée de géographie, chercheuse à l'université Sorbonne Paris Nord et autrice de *Sous les pavés, la terre* (Seuil, 2021). *C'est un chiffre qui doit nous choquer, même s'il cache des réalités différentes. »* Peut-on mieux faire et changer d'échelle ? *« Certainement, à condition toutefois de reconquérir la matière première de l'agriculture : le foncier. »*

Premier terrain de conquête ? Les toits. *« On a un peu trop longtemps oublié cette "cinquième façade" qui constitue pourtant un potentiel immense »*, estime Éric Duchemin, directeur scientifique du Laboratoire sur l'agriculture urbaine de Montréal. Paris, note-t-il, a d'ailleurs ouvert la voie en 2016 avec les « Parisculteurs » et leur « Objectif 100 hectares » (de toits cultivés). Montréal, qui s'est dotée à son tour d'un programme de « Montréalculteurs », se veut elle aussi pionnière. En 2020 y a été inaugurée la plus grande serre sur toit du monde (15 000 m²), capable de produire chaque semaine 20 000 paniers familiaux (et bio).

« Les toits, c'est l'avenir », abonde Christine Aubry, docteure en agronomie, ingénieure de recherche à l'Institut national de recherche pour l'agriculture, l'alimentation et l'environnement (Inrae) et fondatrice du projet T4P (Toits Parisiens Productifs projet pilote). *« Ils permettent de créer des échanges vertueux entre activités urbaines et production agricole. L'un des exemples les plus aboutis est celui du projet franco-belge Groof* (Greenhouses to reduce CO2 on Roofs, ndlr) *: la chaleur et le CO_2 produits par l'activité humaine sont récupérés pour la production de végétaux dans la serre sur toiture. »* Mais attention, prévient la chercheuse, à bien maîtriser les coûts : *« Ce sont de gros investissements pour des surfaces qui restent limitées. Si l'on parvenait à mettre effectivement une centaine d'hectares de toits parisiens en culture, on n'atteindrait pas 10 % des besoins en fruits et légumes de la capitale intra-muros. »* Autrement dit, les toits ne suffisent pas.

C'est là qu'entre en scène le deuxième espace à (re) conquérir : le périurbain. Un territoire jadis très cultivé, mais que l'industrialisation et l'urbanisation ont densifié, bétonné, dévoré. *« L'agriculture urbaine a connu son apogée au milieu du XIXe siècle en France,* rappelle la géographe Flaminia Paddeu. *Paris était alors dotée d'une ceinture maraîchère très productive et résiliente. »* Autour de nos villes, Christine Aubry prédit ainsi dans la prochaine décennie *« le développement d'un maillage de micro-fermes maraîchères soutenues par les collectivités locales »*. En termes de production, *« le périurbain doit prendre le relais de l'intra-urbain pour les gros légumes et les fruits, qui demandent de la surface »*, détaille-t-elle.

Les limites de l'option techno

Dans sa quête d'espace vital, l'agriculture urbaine dispose, enfin, d'une troisième option : la verticalité. Ou comment, faute de surface au sol, superposer les mètres carrés et empiler, en intérieur et en environnement contrôlé, pléthore d'étages de végétaux. Un nouveau genre d'« usines à légumes » qui fascine la nouvelle génération d'agro-entrepreneurs depuis quelques années. À l'instar d'AeroFarms, entreprise américaine basée à Newark (New Jersey), qui, depuis 2015, multiplie les fermes verticales en aéroponie (du hors-sol sans substrat). Ou de Nordic Harvest, qui a inauguré en 2020 à Copenhague *« la plus grande ferme verticale d'Europe »*, qui compte quatorze étages. Avec ses faux airs de data center, celle-ci revendique une productivité au mètre carré deux cents fois supérieure à l'agriculture conventionnelle. Grâce notamment à ses 20 000 LED allumées jour et nuit et à une myriade de capteurs électroniques et connectés.

La techno comme grand tremplin de l'agriculture urbaine ? Les spécialistes sont circonspects. Il y a, d'abord, le mirage de l'*indoor* : *« C'est horriblement coûteux, environnementalement et économiquement*, précise Christine Aubry. *C'est une piste intéressante dans certains cas extrêmes, comme les pays au climat très froid ou désertique, mais peu crédible là où l'on dispose de terres productives, comme en France. » « En l'état, cette option high-tech n'est compatible qu'avec des productions à très forte valeur ajoutée, comme les herbes aromatiques ou le cannabis*, complète Véronique Saint-Ges, économiste et responsable de l'équipe de recherche Agricultures urbaines à l'Inrae. *Et même dans ce cas, la culture en milieu fermé et contrôlé en est à ses balbutiements. Elle a encore besoin de beaucoup de R&D pour devenir rentable. »* À l'image de l'aquaponie, très en vogue il y a une dizaine d'années, mais qui n'a toujours pas trouvé son modèle économique.

« Projets bisounours intenables »

Il y a aussi la question sociale. Et le risque d'une *startupisation* de l'agriculture urbaine, aux conséquences pas forcément vertueuses pour les citoyens. *« Produire des laitues dans un building high-tech, est-ce ce dont on a besoin ? Je n'en suis pas sûr*, tranche Éric Duchemin. *Cette manière de faire n'augmente pas la résilience de nos villes. » « L'agriculture urbaine est en quelque sorte à la croisée des chemins*, considère quant à elle Flaminia Paddeu. *Il va falloir choisir entre un néo-capitalisme vert qui met la technologie avant l'humain et une agroécologie socialement responsable. »*

Le second choix, le plus durable, implique toutefois de rendre aux urbains le savoir de la terre. Il nécessite en effet une main-d'œuvre qualifiée… qui manque aujourd'hui. *« Pour qu'émergent des néo-paysans des villes, l'enjeu de la formation est central*, insiste Éric Duchemin. *Technique, distribution, gestion des ressources… Faire tourner une ferme urbaine ne s'improvise pas ! Il faut œuvrer à la professionnalisation du secteur pour que les projets bisounours intenables cèdent la place à des modèles viables. La ferme urbaine de demain fera du bio intensif et diversifié, sur 2 500 m² minimum, et en circuit très court. »*

> *« La ferme urbaine de demain fera du bio intensif et diversifié, sur 2 500 m² minimum, et en circuit très court. »*
>
> **Éric Duchemin, directeur scientifique du AU/LAB de Montréal**

Sur les toits, au coin de la rue ou en périphérie, en petit, moyen ou grand format, le changement d'échelle passe finalement par la diversification. C'est la force même de l'agriculture urbaine, clament tous les spécialistes. *« Plus qu'une massification, dont on a vu qu'elle a mené au système agro-industriel dont on veut sortir aujourd'hui, le salut passe par une approche multiscalaire*, assure Flaminia Paddeu *: potagers domestiques pour ceux qui ont un jardin individuel, maraîchage municipal et/ou citoyen au sein des quartiers, fermes périurbaines en agroécologie en pourtour des villes. »* Reste à libérer les mètres carrés. *« La trajectoire socio-écologique reste minoritaire*, prévient la géographe. *Pour le foncier, il va donc falloir batailler ! »* En commençant par se souvenir des années 1970, des terrains vagues new-yorkais devenus jardins et potagers, de l'héritage des pionniers ●

Nourrir 530 millions d'Européens sans pesticides ni engrais chimiques, c'est possible, nous dit Xavier Poux, ingénieur agronome et docteur en économie rurale. C'est en tout cas la conclusion du scénario qu'il présente dans le livre *Demain, une Europe agroécologique* (Actes Sud, 2021), cosigné avec l'ingénieur et docteur en sociologie politique Pierre-Marie Aubert.

Propos recueillis par Millie Servant

« L'agriculture extensive, c'est l'avenir ! »

USBEK & RICA Dans votre livre, vous proposez une métamorphose du modèle agricole d'ici à 2050. Cette promesse est-elle réaliste ?

Xavier Poux Regardons l'évolution des pratiques agricoles. Dans les années 1950, la ferme typique, c'était quatre vaches, dix hectares de céréales et un labour fait à cheval. Trente ans plus tard, dans les années 1980, c'est une exploitation avec un tracteur, une moissonneuse-batteuse et un modèle comptable. En l'espace d'une génération, des évolutions puissantes se sont opérées sur tous les plans : du point de vue des techniques, de l'organisation, des pratiques et de l'identité. Dans notre livre, Pierre-Marie Aubert et moi-même faisons l'hypothèse qu'un changement d'une ampleur comparable est possible sur les trente prochaines années. C'est la raison pour laquelle nous avons écrit le scénario *Ten Years for Agroecology* (*Tyfa*). Il présente tout ce qu'il faudra avoir mis en place au cours des dix prochaines années pour qu'un nouveau modèle agricole soit opérant en 2050.

U&R Le cœur de ce modèle d'avenir, c'est l'agroécologie. En quoi cela consiste-t-il exactement ?

X.P. Il existe des tas de scénarios sur le futur de l'agriculture, mais nous sommes les premiers à avoir placé la biodiversité au cœur de notre modèle. L'agroécologie, c'est l'écologie (*l'interaction entre le vivant et son milieu, ndlr*) au service du monde agricole. Autrement dit, c'est quand le paysan imite la nature dans son champ. Avec notre scénario Tyfa, nous pensons que l'avenir est dans une agriculture extensive et sans pesticides de synthèse. Autrement dit, dans une agriculture bio à haute valeur naturelle. Nous observons déjà les germes d'un changement de modèle. La question des pesticides, longtemps taboue, fait l'objet depuis quelques années d'un débat très conflictuel. L'élevage industriel, avec ses usines à bétail et sa maltraitance animale, est aussi remis en question. L'agro-industrie n'a plus le choix : elle doit laisser place à un autre mode de production. →

U&R L'agriculture bio et l'élevage extensif se pratiquent déjà au niveau local, mais peuvent-ils se généraliser à l'échelle d'un continent ?

X.P. L'agroécologie est moins productive que l'agriculture conventionnelle. À l'échelle de l'Europe, un passage à ce modèle ferait baisser le rendement de 25 à 30 %. Mais cela fait trente ans qu'on se borne à vouloir produire à la fois plus et mieux, et trente ans que le modèle est catastrophique, que l'on se nourrit trop, et trop mal. Nos calculs ont montré que nous pouvons alimenter sainement 530 millions d'habitants sans engrais ni pesticides de synthèse d'ici à 2050. Sainement, c'est-à-dire en suivant les recommandations des médecins pour notre santé. Donc non seulement l'agroécologie peut nourrir les Européens, mais elle peut les nourrir mieux.

U&R Aujourd'hui, l'Europe importe plus d'un dixième de ce qu'elle consomme. Si on passe à l'agroécologie sans changer notre mode d'alimentation, on risque d'aggraver cette dépendance. Mais vous dites que si l'on adopte « l'assiette Tyfa », on pourrait devenir légèrement exportateurs…

X.P. Dans notre scénario, l'assiette d'un Européen contient deux fois moins de produits animaux (viande et produits laitiers) qu'aujourd'hui, et davantage de protéines de type légumes secs. Il y a également plus de céréales, et beaucoup plus de fruits et légumes. Dans les grandes lignes, l'assiette Tyfa est similaire à d'autres assiettes, comme celle définie par la plateforme EAT-Lancet pour rester dans les limites de la planète, ou encore celle conçue par l'association Solagro, dans le cadre du scénario Afterres2050. La principale différence par rapport à ces deux assiettes, c'est la part de viande rouge, qui est relativement plus importante. Pourquoi ? Parce que lorsqu'on passe d'un élevage intensif à un élevage extensif, on n'a plus une vache qui produit 10 000 litres de lait mais deux qui produisent 5 000 litres chacune. Or on oublie souvent que pour faire du lait, il faut des veaux. Alors, même si la production laitière baisse, le fait d'avoir deux vaches au lieu d'une maintient assez haut la quantité de viande rouge produite.

U&R Nous ne serons donc pas tous vegans en 2050…

X.P. Certains nous reprochent la présence de viande rouge à cause des émissions de méthane qui y sont liées. Mais, trop souvent, la question climatique fait oublier celle de la biodiversité. Notre assiette contient de la viande rouge parce qu'il faut du bétail pour gérer les prairies et assurer la fertilité des sols. Car qui dit bétail dit fumier, et qui dit fumier dit azote organique favorable à la vie des sols. Si l'on compte se passer d'azote chimique – c'est-à-dire d'engrais –, il en faudra de l'azote ! C'est l'élément indispensable pour nos protéines, nos muscles, notre ADN… C'est l'intelligence de la vie. Dans la production agricole, sa présence est cruciale pour avoir du rendement. Bien sûr, en disant ça, on voit tout de suite se dessiner une assiette pleine de steaks, sans poulet ni porc. Mais dans notre scénario, on mange toujours davantage plus de viande blanche que de viande rouge. Il y a de la marge avec les usines à poulets et à cochons qui ont explosé ces quarante dernières années. L'assiette de Tyfa ramène simplement la production de porcs et de volailles à ce qu'elle était il y a une cinquantaine d'années.

U&R Pourquoi ne pas regarder vers les promesses de l'agriculture *smart* ?

X.P. L'agroécologie est bien plus moderne que la smart agriculture ! Pour cultiver en bio, il faut être un technicien hors pair. Le passage à l'agroécologie repose sur des pratiques très techniques et très sophistiquées C'est tout sauf revenir au XIXe siècle ! La *smart* agriculture est présentée comme nouvelle – comme si l'on faisait de la *dumb* agriculture jusqu'à présent –, alors que cela fait cinquante ans qu'on développe des technologies pour optimiser le rendement. C'est une agriculture qui est « descendante » : de gros laboratoires de recherche conçoivent et distribuent la « bonne » semence avec le « bon » paquet technologique, le « bon » tracteur et le « bon » logiciel. Mais ça coûte cher aux agriculteurs. C'est la raison pour laquelle 50 % d'entre eux auraient des revenus négatifs sans les aides de la Pac.

Par ailleurs, la smart agriculture standardise les paysages et la nature à grande échelle, sans jamais

« Pour cultiver en bio, il faut être un technicien hors pair »

se soucier de la biodiversité. Son adaptabilité au changement climatique est nulle. Évidemment, quand on dit ça, on nous traite d'amish. Mais nous défendons une technologie qui sert les territoires et les agriculteurs. En fait, il faut développer l'agriculture, puis se demander quelles technologies peuvent l'aider. La *smart* agriculture, elle, pose la question dans l'autre sens.

U&R Avant de changer l'agriculture, il va donc falloir faire germer de nouvelles idées dans les têtes ?

X.P. Effectivement. Aujourd'hui, on prête à l'Europe une vocation nourricière, ce qui justifie dans l'esprit des responsables agricoles et des politiques le fait d'utiliser tous ces intrants chimiques. Il faut sortir de ce qui semble tellement évident : produire moins ne sera pas un crime et les vraies marges de manœuvre sont dans ce qu'on mange… Chez les paysans et au sein des syndicats d'agriculteurs, le débat est déjà là. L'arrivée de néo-paysans « hors cadre familial » fait bouger les lignes. Autre point notable : il va y avoir un effet de renouvellement générationnel, car beaucoup ont plus de 55 ans. Cela va libérer du foncier et potentiellement faire baisser la pression sur l'accès aux champs. Si l'on amorce une transition vers l'agroécologie, le nouveau secteur agricole pourrait devenir plus qualitatif, plus rentable et donc plus attractif. Mais ce nouveau discours et ce nouveau modèle doivent être portés au niveau politique. Et s'accompagner des moyens de la transition. On n'y est pas, mais ça peut changer.

U&R Une telle transition peut-elle être portée par la Politique agricole commune (Pac) ?

X.P. Depuis les années 2000, des voix s'élèvent à la Cour des comptes européenne pour demander ce qui justifie les 57 milliards d'investissement annuel de la Pac. On sait qu'il faut la réinventer pour passer d'une rente à l'hectare à une aide au résultat. La transition alimentaire doit aussi s'accompagner d'un volet social, car si les prix de la production agricole restent trop bas, on aura de sérieux problèmes de main-d'œuvre. Il faut donc augmenter les revenus par les prix. Mais, on le voit avec le pétrole et l'énergie, sans dispositif social de redistribution, cela promet une crise sociale qui bloquera la machine. Enfin, une chose est sûre : il faut aussi changer le tour de table des acteurs à la manœuvre. Un pilotage essentiellement par des institutions agricoles et agro-industrielles, où les parties prenantes environnementales, sanitaires et territoriales n'auraient qu'un strapontin – comme c'est le cas aujourd'hui –, ne pourra pas conduire au résultat visé ●

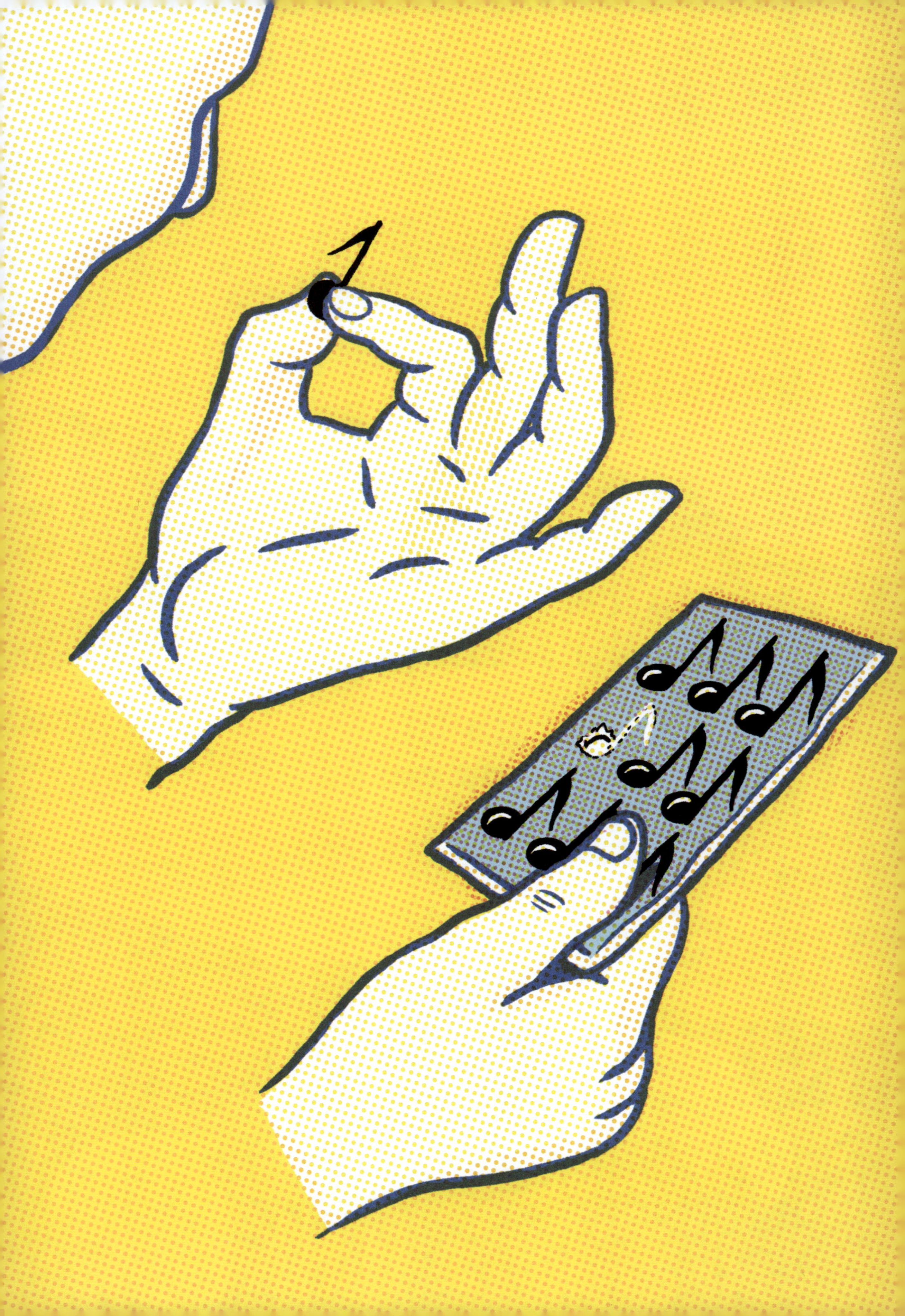

La musique, médecine douce du futur

Texte Thomas Lestavel
Illustration Quentin Faucompré

Elle stimule la mémoire, renforce l'attention et se révèle plus efficace que les analgésiques pour soulager certains patients. Mais la musique n'a pas fini de révéler tout son potentiel dans le cadre médical. On fait le point sur l'état de la science en la matière, et les promesses des thérapies musicales qui commencent à voir le jour.

Un quart de la population mondiale souffre aujourd'hui de douleurs chroniques. Pourtant, seulement 3 % des individus concernés disposent d'un traitement efficace, d'après la Société française d'étude et de traitement de la douleur. Rien qu'en France, environ 12 millions de personnes seraient en prise chaque jour avec la douleur. Antalgiques, anti-inflammatoires, antiépileptiques, injections... Toute une panoplie de médicaments s'offre à eux, mais l'efficacité n'est pas toujours au rendez-vous et les effets secondaires se révèlent souvent éprouvants. Depuis deux décennies, les interventions non médicamenteuses ont la cote, de l'acupuncture à l'hypnose en passant par la sophrologie. Mais dans ce registre, un remède insoupçonné est en train de se faire une place : la musique. *« Elle adoucit non seulement les mœurs, mais aussi la douleur »*, claironne Stéphane Guétin, musicothérapeute et docteur en psychologie clinique.

Bon pour l'attention et la mémoire

Les mélodies de Jean-Sébastien Bach, le jazz chaotique de John Zorn ou l'électro lancinante de Daft Punk, pour ne citer que ces artistes, ont en commun trois vertus majeures. Leur musique a d'abord un effet sédatif : elle provoque une libération de dopamine et d'ocytocine, des neurotransmetteurs liés au plaisir et à la récompense, qui peuvent diminuer la douleur ressentie. Ensuite, la musique a un effet

Et si on prescrivait une « activité musicale adaptée » ?

Les médecins peuvent déjà prescrire la pratique d'un sport à des patients atteints d'une affection de longue durée, comme l'obésité ou le diabète. Cette « activité physique adaptée » est aujourd'hui remboursée par la Sécurité sociale. Selon le même principe, *« le corps médical pourra prescrire demain une "activité musicale adaptée" à des personnes atteintes de troubles autistiques ou psychiatriques, ou encore pour la prise en charge de la douleur »*, veut croire le musicothérapeute Stéphane Guétin.

neurostimulant : *« Elle facilite le dialogue entre les régions du cerveau et favorise la neuroplasticité, contribuant aux capacités d'attention, de concentration et de mémoire »*, explique Hervé Platel, professeur de neuropsychologie à l'université de Caen Normandie. Enfin, elle renforce la régulation émotionnelle, donnant raison au philosophe Emmanuel Kant qui, au début du XVIIIe siècle, la décrivait déjà comme *« la langue des émotions »*.

Grâce aux progrès de l'imagerie médicale réalisés depuis les années 1990, ces effets bénéfiques ont été démontrés. Une étude parue en 2009 dans le magazine *Nature* établissait ainsi que la musique stimule les neurotransmetteurs *« avec des effets comparables au sexe, à la drogue ou à un bon carré de chocolat »*, constate Stéphane Guétin. En septembre 2021, l'hôpital Cochin, à Paris, a dévoilé les résultats d'une étude publiée dans le *Journal of the American Medical Association*, une revue de référence. Ses conclusions ? L'écoute d'une « musique adaptée » pendant une opération de la cataracte sous anesthésie locale diminuerait de 50 % l'incidence de phénomènes d'hypertension. À noter, d'ailleurs, qu'aucun style musical n'est plus efficace qu'un autre sur le plan thérapeutique : tout dépend des cultures et des goûts spécifiques des patients.

L'écoute musicale active sollicite plusieurs régions du cerveau, dont le cortex auditif primaire et les régions sous-corticales, là où « naissent » nos émotions. Ses effets bénéfiques ont notamment été observés chez des patients souffrant de troubles de la mémoire. Quant à la pratique d'un instrument, elle stimule la neuroplasticité cérébrale puisque le musicien doit décoder les notes tout en exerçant son oreille, ses mains et sa mémoire. *« Des travaux menés en Suède et en Finlande ont comparé des jumeaux dont l'un pratique un instrument et l'autre non. Résultat : le cerveau du premier est doté d'une densité de fibres de "substance blanche" qu'on ne trouve pas chez l'autre. Et cette substance pourrait avoir une fonction de protection contre les maladies neurodégénératives »*, souligne Hervé Platel. Outre sa capacité à retarder les troubles de la mémoire, la musique pourrait même aider le cerveau à se « réparer » en cas de lésion.

Les ethnologues aussi se penchent sur les fonctions thérapeutiques de la musique. *« C'est une médecine ancestrale »*, confirme Stéphane Guétin. Bien avant le généraliste, le sorcier ou le guérisseur avait recours aux incantations, en plus de ses plantes et potions. Et encore aujourd'hui, la prise d'ayahuasca, lorsqu'elle s'effectue dans les règles de l'art, est accompagnée par les chants du chaman, les *icaros*. *« Dans l'armée, les soldats marchaient au rythme des tambours. Ils se mettaient en état de transe collective pour calmer leur peur »*, complète Gilles Boccara, médecin à l'hôpital américain de Paris.

À noter que cette sensibilité musicale apparaît dès le plus jeune âge. En 2015, des neuroscientifiques espagnols l'ont mise en évidence chez le bébé, alors que celui-ci se trouve encore dans le ventre

Et si on stimulait sa mémoire en musique avant les concours ?

Les animaux entendent des sons que nous ne parvenons pas – ou plus – à capter. À l'avenir, la science pourrait identifier les fréquences sonores le plus en phase avec l'activité électrique de nos neurones. *« Je suis persuadé qu'en 2050 nous pourrons nous endormir sur la "bonne" fréquence musicale, faciliter l'anesthésie, mais aussi stimuler la mémoire »*, avance Gilles Boccara, médecin anesthésiste à l'hôpital américain de Paris. Idéal pour les étudiants la veille de concours.

de sa mère – *in utero*, dirait Kurt Cobain. Diffusée avec un système de haut-parleur intravaginal, la « petite musique de nuit » de Mozart *(surnom donné à sa Sérénade nº 13 pour cordes en sol majeur, ndlr)* ferait ainsi réagir le fœtus dans 87 % des cas.

« Docteur Spotify »

Le métier de musicothérapeute, qui consiste à soigner par la musique, commence tout juste à sortir de l'anonymat. En France, une fédération existe, ainsi que plusieurs formations universitaires diplômantes, exigeant trois ans d'études. Un bémol, toutefois : *« Au Brésil, aux États-Unis ou en Allemagne, cette profession a été intégrée dans le parcours de soins, ce qui n'est hélas pas encore le cas en France »*, regrette Stéphane Guétin, qui n'a pas attendu un tel degré de reconnaissance pour créer Music Care, la start-up ayant conçu *« le premier dispositif médical de traitement de la douleur par la musique »*.

Sa société, qui a signé un partenariat avec le laboratoire pharmaceutique Sanofi, développe des algorithmes qui adaptent la musique aux besoins thérapeutiques du patient, tout en prenant en compte ses goûts musicaux. L'application, aux airs de « docteur Spotify », peut par exemple être utilisée avant une prise de somnifères, pour faciliter l'endormissement. Plus étonnant, l'écoute via Music Care réduit la consommation de sédatifs lors d'opérations comme les angioplasties coronaires. C'est la conclusion des travaux publiés dans la revue *Music & Medicine* par quatre médecins travaillant en France et aux États-Unis. *« Depuis le milieu des années 2000, les équipes médicales reviennent à un processus moins technique d'accompagnement de la douleur avec des pratiques comme l'hypnose, la relaxation ou la musique. Le principe est toujours le même : détourner l'attention du patient vers autre chose que le soin »*, décrypte le docteur Gilles Boccara, qui a convaincu l'hôpital américain de Paris d'adopter Music Care.

Le prestigieux établissement a formé à l'application musicale ses infirmières, qui sont libres de l'utiliser pour calmer l'anxiété d'un patient avant une opération, ou la douleur à la suite d'un soin. Le patient remplit un questionnaire sur le type de musique susceptible de l'amener à la détente. En fonction de ses préférences, qui peuvent varier d'une séance à l'autre, l'application vient piocher dans des œuvres classiques, jazz, modernes, musiques du monde, etc. Fruits d'un partenariat entre Music Care et l'explorateur Yann Arthus-Bertrand, certains programmes musicaux sont par ailleurs accompagnés de vidéos en réalité virtuelle évoquant la fureur de l'océan, la beauté de la savane africaine, les eaux poissonneuses des Caraïbes ou encore l'immensité des glaces arctiques.

Coronarographie, radiographie vasculaire, fécondation *in vitro*, chimiothérapie, dialyse... Les bénéfices de l'application ont été observés dans le cadre d'interventions très diverses. *« La musique réduit de 30 à 50 % le besoin d'analgésiques. Le*

Et si on ouvrait des cabines anxiolytiques ?

L'offensive des géants du Web dans la santé laisse entrevoir les plus folles innovations. *« On peut tout à fait imaginer qu'un Xiaomi ou un Google construise une douche équipée de capteurs intrusifs qui suivront nos paramètres médicaux »*, anticipe Julien Maldonato, associé chez Deloitte. Médecin anesthésiste et réanimateur à l'APHP, Gilles Guerrier prévoit, lui, l'apparition de « cabines anxiolytiques » permettant de détecter les paramètres du stress (fréquence cardiaque, transpiration, réactions pupillaires) et de calmer l'individu grâce à des images, de la musique, voire des odeurs et des sensations physiques, comme le ronronnement d'un chat.

patient dort mieux après l'opération et cicatrise plus rapidement », note Gilles Boccara. Par ailleurs, les épisodes de nausées diminueraient lorsqu'une chimiothérapie est réalisée sous Music Care. Le dispositif a l'avantage de désamorcer l'anxiété sans entraîner d'effets secondaires ou présenter de contre-indications, comme c'est le cas pour les anxiolytiques. *« Les médicaments peuvent faire effet plus longtemps que prévu, ce qui maintient les patients à l'hôpital. Ce risque n'existe pas avec la musique. C'est d'autant plus apprécié que l'hôpital tend à privilégier les interventions en ambulatoire, pour des raisons logistiques et budgétaires évidentes »*, poursuit Gilles Boccara.

Aujourd'hui les scientifiques se penchent plus particulièrement sur les vertus de la musique pour les personnes atteintes de la maladie d'Alzheimer, une pathologie neurodégénérative qui touche près d'un million de personnes en France, et plus de 35 millions dans le monde. Il est déjà établi que la musique stimule la mémoire et réduit l'apathie chez les personnes souffrant d'Alzheimer : *« Elle est intéressante, même pour ceux qui sont à un stade avancé de la maladie, car les musiques qui ont bercé notre enfance restent en mémoire très longtemps. Elles peuvent sortir les patients de leur torpeur »*, relève le professeur Hervé Platel. Des musicothérapeutes observent aussi que des personnes âgées, affectées de troubles de la mémoire et ayant appris un air musical lors d'un atelier, parviennent ensuite à le reconnaître, voire à le chanter spontanément, sans trop savoir comment. Elles ont oublié les séances, mais retiennent la mélodie. *« Un patient incapable de se souvenir quand il avait découvert la chanson m'a répondu qu'il avait dû l'apprendre dans sa jeunesse »*, sourit Hervé Platel.

Certains médecins ont désormais recours à la musique pour aider les victimes d'un accident vasculaire cérébral ou d'un traumatisme crânien à récupérer le langage ou la motricité. *« Plusieurs travaux suggèrent que la musique pourrait contribuer à développer physiquement la matière grise, ce qui aide le cerveau à se réparer »*, indique la chercheuse anglaise Rebecca Atkinson, dans un article publié en novembre 2021 sur le site The Conversation. Réalisés par des personnes atteintes de la maladie de Parkinson, des exercices d'entraînement rythmique, qui consistent à marcher en suivant le tempo d'un morceau, améliorent déjà les capacités motrices des patients et diminuent la fréquence des périodes de *freezing* au cours desquelles ils sont temporairement incapables de bouger. La musique est également expérimentée comme « traitement » du syndrome de stress post-traumatique pour les militaires de retour de mission.

« Médicament numérique »

Les musicothérapeutes espèrent que le progrès technique permettra, dans les années à venir, de

Et si on rendait notre cerveau transparent ?

Avec les progrès de la neuro-imagerie, l'humanité s'attaque à une nouvelle frontière, celle du cerveau. *« Dans vingt ou trente ans, on aura chez soi des casques électroencéphalogrammes qui rendront compte de notre activité cérébrale »*, pronostique Hervé Platel, professeur de neuropsychologie à l'université de Caen Normandie. Les plateformes musicales comme Spotify ou Deezer pourraient alors proposer des playlists adaptées à telle ou telle activité. Et les géants du jeu vidéo représenteraient à l'écran les zones du cerveau sollicitées lors d'une partie.

préciser l'effet sur le cerveau des différents paramètres de la musique (intensité, tempo, etc.). *« Nous sommes longtemps restés dans une validation grossière de ces effets »*, rappelle Hervé Platel. *« Les sciences cognitives et la neuropsychiatrie vont continuer à évoluer. Si on parvient à percer le mystère de la musique, à comprendre pourquoi le cerveau y est aussi sensible, on peut en faire un outil puissant de guérison »*, veut croire quant à lui Gilles Guerrier, médecin anesthésiste et réanimateur à l'APHP. De là à imaginer une musique thérapeutique sur mesure, dont les variables seraient adaptées à telle ou telle pathologie, il n'y a qu'un pas : *« Le cerveau travaille avec des bandes de fréquence électrique particulières, liées à l'activité des neurones. En modulant les bandes de fréquence d'un morceau, on pourrait par exemple stimuler les circuits qui engagent les aspects moteurs d'un individu souffrant de dyslexie. Autrement dit, toucher les zones du cerveau qui gèrent l'articulation du langage pour ce patient »*, illustre Hervé Platel.
Du pipeau, rétorqueront les sceptiques. En attendant, plusieurs entrepreneurs de la French Tech y voient un marché potentiellement lucratif, à conquérir sans tarder. À Compiègne, la start-up Ontbo travaille sur un logiciel qui, grâce à l'intelligence artificielle, conçoit des playlists censées « modifier l'état émotionnel » de l'utilisateur. Sa fondatrice, Athénaïs Oslati, a développé avec son équipe de 10 personnes un casque audio dont les écouteurs sont équipés d'électrodes d'électroencéphalogramme qui analysent en temps réel l'activité cérébrale. *« Les données sont envoyées en Bluetooth à l'application, qui analyse le jeu de données et choisit la musique en fonction des résultats »*, décrit la jeune dirigeante, dont le service se veut préventif et non curatif.
Maryne Cotty-Eslous pense elle aussi que la médecine du futur passe par la musique. Après avoir longtemps souffert d'endométriose et du syndrome d'Ehlers-Danlos, une maladie génétique que les médecins ont mis du temps à diagnostiquer, la jeune trentenaire a fondé la start-up Lucine qui commercialise un « médicament numérique » pour apaiser les douleurs chroniques. Concrètement, il s'agit d'une application mobile qui a recours à la reconnaissance vocale et faciale pour analyser la douleur de l'utilisateur et lui proposer un « traitement » par le biais d'images et de sons. Pas vraiment du Vivaldi ou du Paul Kalkbrenner, pour le coup, mais des grésillements sonores et des bips en continu… Des études cliniques sont actuellement menées pour tester l'efficacité du dispositif, mais l'entreprise de 40 salariés n'a pas attendu les résultats pour se développer. Maryne Cotty-Eslous se targue déjà d'un chiffre d'affaires de 2 millions d'euros et a levé 5,5 millions en 2020 auprès de différents investisseurs, dont la banque BNP Paribas. Prometteur. Attention tout de même à ne pas aller plus vite que la musique… •

« Facebook sera entièrement vidéo en 2021 »

En 2016, Nicolas Mendelsohn, responsable de Facebook pour la zone Europe, Moyen-Orient et Afrique, imaginait un avenir 100 % vidéo à court terme pour le réseau social. Six ans plus tard, on est encore loin du compte, même si les images animées occupent désormais une place centrale dans les usages (et les revenus) de Facebook. À l'heure où le groupe envisage son futur dans le métavers, l'écrit est-il en voie de disparition ?

Texte Sophie Kloetzli

« L'opposition entre l'écrit et l'image est fausse et stérile. »

Laurence Allard, sémiologue spécialiste des usages numériques

Les paroles s'envolent, les écrits restent, paraît-il. Pourtant, à écouter les pontes du groupe Meta (ex-Facebook), le dicton du poète latin Horace serait obsolète. Sur le réseau social aux 3 milliards d'utilisateurs, ce serait même plutôt l'inverse : aux textes de déguerpir pour laisser place aux contenus audiovisuels, jugés plus riches. En 2016, Nicola Mendelsohn, responsable de Facebook pour la zone EMEA (Europe, Moyen-Orient et Afrique), assurait que d'ici à cinq ans le réseau social serait *« probablement entièrement vidéo »*. *« Chaque année, nous voyons une diminution du texte »*, avait-elle argué, convaincue que *« la meilleure manière de raconter des histoires dans ce monde, où tant d'informations nous parviennent, est la vidéo. Elle transmet tellement plus d'informations en moins de temps… »* Ou comment prendre au pied de la lettre un autre adage millénaire : une image vaut mille mots.

« Presque la moitié » du temps passé sur Facebook

L'année 2021 venant de s'achever, l'heure du bilan a sonné. S'il gagne du terrain, le format vidéo ne concernerait que 15,5 % des contenus publiés sur la plateforme, d'après l'outil d'analyse Social Insider. Mais cela représente tout de même *« presque la moitié du temps que nous passons sur Facebook »*, soulignait Mark Zuckerberg en juillet 2021 dans… un post écrit sur Facebook. D'après le big boss de Meta, la vidéo serait en passe de devenir *« le principal moyen choisi par les utilisateurs pour s'exprimer »* sur le réseau social, notamment via les *stories* – fixes ou animées – qui totalisent 500 millions d'utilisateurs quotidiens sur les quatre canaux phares du groupe (Facebook, Messenger, Instagram, WhatsApp).

En fait de « choix », il s'agit plutôt d'une stratégie finement mise en œuvre depuis plusieurs années, qui a permis de faire passer les revenus publicitaires générés par la vidéo sur Facebook de 5 milliards de dollars en 2016 à 22 milliards en 2021, d'après le cabinet Omdia. À vrai dire, en 2016, au moment où Nicola Mendelsohn formulait sa prophétie, l'algorithme du réseau social favorisait déjà les vidéos dans le fil d'actualité, au détriment des autres types de contenus. Entre juillet 2015 et avril 2016, le taux moyen de partage des vidéos *native* du journal *The Guardian* est ainsi passé de 4 à 10 %. Résultat, de nombreux médias se sont adaptés ou ont vu le jour en misant sur ce format. Avec les *success stories* que l'on connaît (notamment Brut, avec ses 20 milliards de vues revendiquées en 2020), mais aussi des réticences vis-à-vis d'une « boîte noire » en perpétuelle évolution. Interviewé par *Les Échos*, Olivier Ravanello, cofondateur du média vidéo Explicite (2018-2019) ne mâche pas ses mots : *« Avec le* brand content, *le ver est dans le fruit, et dépendre des algorithmes de Facebook est de la folie. »*

Un dualisme d'un autre temps

Malgré l'invasion des vidéos dans les fils d'actualité, l'essor de Facebook Live et du service de vidéo à la demande Facebook Watch (1,25 milliard d'utilisateurs mensuels en 2020), ainsi que la progression *« particulièrement rapide »* selon Mark Zuckerberg des Reels sur Instagram *(un outil permettant de créer des vidéos, ndlr)*, l'écrit n'a pas dit son dernier mot.

Rappelons qu'il est toujours central sur Messenger et WhatsApp, les applications de messagerie dédiées du groupe. En juin 2021, Meta a même lancé une nouvelle plateforme, Bulletin, pour aider les créateurs de contenus à créer leur newsletter et à diffuser leurs productions écrites.

Par ailleurs, l'écrit s'intègre pleinement aux nouveaux formats ayant émergé ces dernières années sur Facebook et Instagram, ainsi que chez ses concurrents, qui ont misé dès le départ sur l'image. Les *stories, snaps* (Snapchat) et autres capsules TikTok *« sont des composites textes-images typiques de la culture numérique »*, décrit la sémiologue Laurence Allard. *« Aujourd'hui, les modes d'expression sur les réseaux sociaux numériques relèvent du multilinguisme, de la multimodalité langagière. L'opposition entre l'écrit et l'image est fausse et stérile. Elle embarque depuis trop longtemps des débats qui datent déjà du XIXe siècle. On est dans une accumulation de signes plutôt que dans un rapport de substitution. »*

De l'écrit dans le métavers

L'explosion de la vidéo aura tout de même fait émerger de nouveaux modes d'interaction sociale, accordant une place plus grande à la corporéité – le corps que l'on met en scène, habillé de filtres de réalité augmentée ou de mentions scripturales. La continuité entre l'espace réel et l'espace virtuel se fait ainsi de plus en plus ténue. Prochaine étape : le métavers, promesse d'un *« Internet incarné »* pour reprendre la formule utilisée par Mark Zuckerberg lors de la conférence Facebook Connect d'octobre 2021. Un monde immersif en 3D dans lequel la communication se fera notamment par avatars interposés.

Et l'écrit dans tout ça ? *« Il reste indispensable, je ne pense pas qu'il disparaîtra dans le métavers. Il ne fait que se modifier »*, avance François-Gabriel Roussel, chercheur spécialiste du virtuel numérique. Après la dictée vocale des messages, d'autres moyens de produire du texte pourraient émerger. Les interfaces homme-machine font déjà des miracles, rappelle le chercheur, avant de citer le cas du physicien Stephen Hawking qui, de son vivant, pouvait écrire malgré son handicap grâce au clignement de ses yeux. Difficile, aussi, de se passer de l'écrit dans le champ professionnel et administratif, quand bien même ce dernier s'étendrait dans le métavers.

La vidéo de présentation du monde virtuel fantasmé par Meta montre des messages surgissant en réalité augmentée, auxquels on peut répondre à l'aide d'un outil de reconnaissance vocale avant de faire disparaître la discussion d'un petit geste de la main. Pour perfectionner ce mode de communication, le groupe développe des bracelets dotés de capteurs EMG (électromyographie) capables d'intercepter les signaux électriques envoyés par le cerveau aux muscles du poignet. Ce qui pourrait permettre un jour *« d'envoyer un message en réalité augmentée avec votre main confortablement posée à vos côtés, sans jamais avoir à regarder un écran »*, imagine Michael Abrash, responsable scientifique de Meta Reality Labs (ex-Oculus). Il suffirait pour cela de remuer très légèrement les doigts en traçant la forme des lettres. Et si le futur des réseaux sociaux faisait resurgir l'écriture manuscrite, que l'on pensait en voie de disparition avec la généralisation des écrans et des claviers ? Mais peut-être est-ce là une nouvelle prophétie, que la réalité pourrait bien infirmer d'ici quelques années... •

Le Dernier Homme, de Mary Shelley

Réputée comme l'une des fondatrices de la science-fiction pour son *Frankenstein* (1818), Mary Shelley publia sept romans et une vingtaine de nouvelles. Bien qu'écrits dans le pur style romantique de son temps, ces œuvres dénotent par leur matérialisme et l'approche scientifiquement crédible des événements qu'elles décrivent. En particulier *Le Dernier Homme* (1826), conte philosophique précurseur du genre postapocalyptique.

Texte Antoine St. Epondyle

Dans la grande famille du romantisme britannique, Mary Shelley occupe une place à part. Moins frontalement gothique que ses contemporains John Polidori, Bram Stoker ou Matthew Gregory Lewis, elle apparaît comme la tenante d'un romantisme plus sombre. En particulier dans *Le Dernier Homme*, où elle emploie tous les codes du genre pour déployer une mélancolie abyssale en décrivant, comme le titre le laisse penser, les derniers jours de l'humanité. Voilà un roman apocalyptique plus que postapocalyptique, dont le récit est essentiellement affaire d'intériorité. Des tornades d'émotions désespérées bouleversent les personnages, tandis que la peste progresse mécaniquement, tuant tout le monde sur son passage.

Roman solastalgique

Mais ne nous y trompons pas : ici, la maladie n'a rien d'une punition divine infligée aux humains en rémission de leurs fautes. Elle n'est pas non plus la conséquence d'un effet surnaturel quelconque. L'horreur se révèle presque réaliste, inspirée de schémas pandémiques indubitables – comme la peste noire qui sévit de 1347 à 1351 et fit 25 millions de victimes en Europe, marquant durablement les consciences.
L'histoire du *Dernier Homme* n'apporte aucune anticipation ou prospective, bien qu'elle se déroule dans le futur. Le XXIe siècle de Mary Shelley est un clone de son XIXe, à peu de chose près. On y évolue dans un rétrofutur dénué de machines fantastiques à la Jules Verne, où l'aristocratie anglaise continue sa chasse au renard dans les prairies bucoliques des temps jadis, où la Perse est encore un empire, et où aucune mention n'est faite du chemin de fer qui commence pourtant à quadriller l'Angleterre quand paraît le livre.
L'essentiel n'est pas là, mais dans les cœurs et les âmes des personnages, dans leurs passions et leurs psychés, que torture la certitude de la fin qui approche ; cette « sainte horreur » romantique, ressentie au contact de l'inexorable. Dans le langage d'aujourd'hui, on pourrait dire que *Le Dernier Homme* est empreint de « solastalgie », ce *« sentiment de désolation »* que peut ressentir notre espèce face à *« la dévastation de son habitat et de son territoire »*, tel que la définit le philosophe australien Glenn Albrecht. À ce titre, le roman de Mary Shelley se lit comme une masterclass de désespoir mélancolique, d'idéalisation du passé et de poings rageurs brandis face au destin cruel. →

Droiture et entraide dans le chaos

Pourtant, c'est peu dire que *Le Dernier Homme* se démarque d'une grande partie des œuvres postapocalyptiques qui vont lui succéder – et pas seulement sur le plan du style. Malgré la noirceur terrible qui émane du roman, la fin du monde n'y déclenche pas de régression. Pas d'humains bestiaux s'adonnant à des tueries, aux pillages ou au cannibalisme. Bien au contraire, la fin des temps rompt les digues sociales pour le meilleur et non pour le pire, et inspire des comportements vertueux. « *Il était* [...] *courant de voir des propriétaires céder leurs demeures à des hordes d'indigents, faire abattre leurs arbres pour construire des abris ou refuges, diviser leurs parcs, leurs pelouses et leurs jardins fleuris pour en faire don aux familles nécessiteuses.* »

Naïveté ? Peut-être. La tradition postapocalyptique est pleine de massacres entre survivants et de discours nihilistes quant à la nature humaine face au désastre, imprégnés par une vision individualiste héritée du Far West américain. Selon l'approche qui domine le genre, la fin du monde ne peut déboucher que sur un théâtre des horreurs, une ère de non-droit où règne forcément la loi de la jungle. Mary Shelley, au contraire, développe une vision positive de l'être humain et suppose un penchant pour l'entraide et la bienveillance. Les survivants se distinguent par leur droiture et la noblesse de leurs actes, au point d'inspirer au narrateur ce commentaire réactionnaire devant le partage des terrains et des ressources en faveur des réfugiés : « *Il vaudrait mieux* [que d'ici à la fin de la maladie] *nous n'ayons pas détruit nos meilleures lignées de chevaux, ni défiguré à jamais les plus belles régions du pays.* »

Le Dernier Homme n'a donc rien d'un brûlot antihumaniste qui renverrait l'humanité à sa véritable nature, violente, supposée. Le roman se présente plutôt comme une tombée de rideau, digne et mélancolique, sur les dernières heures d'une humanité dont les grandeurs prennent fin. Dans une litanie, l'autrice fait ses adieux aux arts, à la musique, au théâtre, à la sculpture et à la peinture avant de conclure : « *L'énumération des vertus de l'homme à jamais perdues montre bien la suprême grandeur de sa race. Tout cela appartient désormais au passé.* »

L'énergie du désespoir

Révérence faite à la grandeur, *Le Dernier Homme* n'échappe pas à une forme de nihilisme. Il décentre le regard humaniste pour renvoyer l'humain à son insignifiance, car aucune des vertus décrites dans le roman n'est finalement capable d'endiguer le péril pandémique. Tout le monde se jette sur les divertissements avec l'énergie du désespoir : « *Nos joies nous étaient d'autant plus chères qu'elles nous étaient comptées ;*

d'autant plus vives que nous étions pleinement conscients de leur valeur; d'autant plus pures que leur essence même était l'amour. »
Implacablement, les gens meurent les uns après les autres, enterrant sous la plume de Shelley l'idéal des Lumières qui érigeait la connaissance comme moyen de faire progresser l'humanité. Elle démontre l'insignifiance du monde face à la certitude absolue de la mort: « *Nous étions tous égaux désormais; mais une égalité encore plus parfaite nous attendait: un état dans lequel la beauté, la force et la sagesse seraient aussi vaines que toutes les richesses et tous les titres. La tombe universelle s'ouvrait sous nos pieds.* »
La mort arrive, et le narrateur s'étonne: aucun tonnerre divin et vengeur, aucun grondement de tempête pour souligner la fin de l'humanité. La peste n'affecte que les humains; dehors, le printemps éclot et les oiseaux poursuivent leur course dans le ciel. « *Ambroisie de la nature, l'air embaumé du printemps enveloppait une terre charmante qui s'éveillait comme une jeune mère habille avec fierté ses beaux enfants pour accueillir leur père après une longue absence. Les arbres se paraient de bourgeons, les champs se paraient de fleurs.* » La fin est matérialiste, mécanique, quand le monde est beau. Ne subsistent en héritage de cette humanité morte que ses restes bâtis, bientôt envahis de lierre comme dans les tableaux romantiques dont les ruines antiques évoquent la grandeur des empires révolus.

Road trip dans les berceaux de l'Occident

C'est dans cet état d'esprit de contemplation et de tristesse que le narrateur et sa famille s'embarquent à travers l'Europe pour visiter les cités illustres de l'Occident. Ils partent sur les traces d'une histoire éternelle fantasmée, celle du grand récit européen, faisant de Rome et d'Athènes les points d'orgue de leur pèlerinage.
Dans le palais du vice-roi de Milan, les personnages s'abîment dans la contemplation des œuvres d'art de la Renaissance. Ils déambulent à cheval dans des couloirs déserts et somptueux. Et relisent les classiques *Robinson Crusoé*, de Daniel Defoe, et *L'Utopie*, de Thomas More. Faut-il y voir un indice sur le projet utopique de l'autrice? La fin du monde sonne-t-elle comme la possibilité de le refonder différemment? Pas chez Shelley, qui démontre que la solitude de Robinson et *L'Utopie* de More n'ont rien d'enviable, et rien à apporter, tant son roman est imprégné du manque de tout ce qui a été perdu. Dans *Le Dernier Homme*, l'avenir n'a rien à offrir et tout s'achève dans le deuil, après une ultime célébration des grandeurs de l'homme. En grimpant au sommet de la coupole de Saint-Pierre de Rome, le narrateur Lionel Verney y gravera ce simple testament: « *An 2100, dernière année du monde.* » •

« Pour 44 % des Français, personne ne défend les idées essentielles »

Propos recueillis par
Thierry Keller et Blaise Mao

Les Français ont le sentiment que la justice ne fonctionne pas et que les politiques ne défendent pas les sujets qui comptent le plus à leurs yeux. Tel est le principal enseignement de l'enquête menée par les sociologues Arnaud Zegierman et Thomas Genty, respectivement cofondateur et directeur de clientèle chez Viavoice, qui se penche sur les angles morts de la vie publique et citoyenne.

USBEK & RICA À la lecture de cette étude, un chiffre en particulier attire l'attention : 63 % des Français disent *« avoir le sentiment que nous sommes manipulés »*. Et quand on leur demande par qui, c'est moins la finance (6 %) ou les lobbies (4 %) qui sont cités que les politiques (67 %). Peut-on voir dans ce résultat une forme d'amour déçu des Français pour leurs dirigeants politiques ?

THOMAS GENTY Les Français sont un peuple très politique, et cette étude le confirme : 74 % se disent *« intéressés »* par les questions liées à la citoyenneté et la vie en société, et 51 % débattent *« souvent »* avec des personnes qui n'ont pas les mêmes opinions qu'eux. Pour autant, je ne pense pas qu'on puisse parler en ce qui les concerne d'un *« amour déçu »* à l'égard de leurs dirigeants. La réponse *« politiques »* à cette question sur la manipulation recouvre autant le gouvernement que les dirigeants et, plus largement, tous les dépositaires de l'autorité, ceux qui sont en mesure d'imposer des choses.

La crise sanitaire a démarré il y a deux ans déjà, et n'oublions pas qu'elle a été précédée par le mouvement des Gilets jaunes, qui a lui aussi duré plus d'un an. Cette désignation des politiques comme principale source de manipulation peut aussi se lire comme un rejet de la langue de bois, des doubles discours et d'une communication politique souvent trop formelle, parfois jusqu'à l'absurde – nous avons tous en tête la question du port du masque, sujet sur lequel le gouvernement a radicalement changé de discours en quelques jours à peine, au début de la pandémie. C'est cette façon de communiquer, perçue comme peu crédible, qui est critiquée ici.

61 %

À la question *« Diriez-vous que les sujets les plus fréquemment traités par les médias concernant la société sont ceux qui vous semblent les plus intéressants ? »*, 61 % des Français répondent par la négative.

ARNAUD ZEGIERMAN Je ne crois pas trop à la théorie des élites contre le peuple. Les études nuancées et précises montrent plutôt l'inverse. En grande partie parce qu'il y a aujourd'hui du peuple dans les élites, en tout cas bien plus qu'il y a encore dix ou quinze ans – et je ne parle même pas des débuts de la Ve République… En fait, cette question sur la manipulation est *intéressante* mais vraiment dangereuse. Si on la sort de son contexte, on peut faire dire n'importe quoi aux résultats. Effectivement, les entrées traditionnellement liées au complotisme (la finance, les médias) ne sont pas en tête. Et quand on regarde les réponses, on peut avoir le sentiment que les Français ont l'impression de vivre encore à l'époque de l'ORTF, avec une information d'État. Mais il y a surtout, en creux, l'idée qu'il n'y a pas suffisamment de contre-pouvoirs, ou en tout cas que ces derniers ne sont pas assez forts. →

U&R À quoi est-ce lié ?

A.Z. Certainement à l'asymétrie entre, d'un côté, les sujets médiatiques et ceux portés par les politiques, et de l'autre les sujets perçus comme intéressants par les Français. Seulement 40 % d'entre eux estiment que les sujets les plus fréquemment portés par les médias sont en phase avec les questions qui se posent dans la société. Et ce chiffre chute à 29 % quand on demande si les sujets traités par les politiques sont en phase. C'est un véritable non-dit aujourd'hui ! La défiance dont on parle tant provient aussi de l'inadéquation entre les sujets du débat public et ceux qui sont perçus comme pertinents.

U&R Peut-on aller jusqu'à dire qu'il existe aujourd'hui en France un corps social structuré, relativement important, qui ne trouve pas de traduction politique à ses préoccupations – au-delà de la seule question de la représentativité dans les institutions ?

A.Z. L'idée qui ressort de manière évidente de cette étude, c'est que les Français ont le sentiment que la justice ne fonctionne pas. Près des deux tiers d'entre eux (59 %) considèrent que *« les lois ne correspondent pas aux besoins des habitants »*. Le deal en bas de chez soi, les soucis avec le voisinage, les problèmes du petit à l'école… Face aux injustices du quotidien, les Français ont l'impression que le système est impuissant. Plus qu'un excès de permissivité (17 %) ou le rejet de lois liberticides (6 %), ils dénoncent *« un manque d'équité, une justice à deux vitesses »* (28 %) et *« des lois hors-sol, déconnectées des réalités »* (19 %).
Mais attention, ces données s'appuient sur du ressenti, pas sur une expertise. Les Français sont choqués par des affaires médiatiques, des personnes qui ont l'air d'être coupables et sont relaxées, des terroristes dont les procès durent des semaines alors que vous, votre affaire va être expédiée en quelques minutes. Il y a peu de pédagogie de la justice et c'est aussi la source de ce ressenti. D'autre part, il y a aussi le sentiment que certains s'affranchissent des lois. Et beaucoup de répondants ont en tête les géants du numérique.

U&R Pourquoi les Gafa en particulier ?

63 %

À la question *« De manière générale, avez-vous le sentiment d'être manipulés ? »*, 63 % des Français répondent favorablement (dont 22 % *« oui, tout à fait »* et 41 % *« oui, plutôt »*).

A.Z. Du fait de la puissance de ces entreprises et de la nature même de leurs activités. Elles semblent se libérer des lois sociales, de la fiscalité, de tout ce que doivent gérer les entreprises ici. Donc quand on demande aux Français s'ils estiment que nous sommes tous égaux devant la loi, cela donne un non fracassant à 75 % ! Donc oui, il existe effectivement un corps social constitué de Français qui, soit n'en ont rien à faire de la politique, soit s'y intéressent sans plus, mais qui en tout cas ont le sentiment que les politiques ne font pas écho à leurs préoccupations quotidiennes : à la question *« Qui défend le mieux les idées qui sont essentielles à vos yeux ? »*, 44 % des sondés répondent *« personne »*, loin devant *« un parti politique »* (18 %). L'idée d'un abandon du peuple est vraiment sensible. Elle ne date pas d'hier, mais aucun indicateur ne laisse penser que les sujets qui comptent vraiment pour les Français sont mieux pris en compte aujourd'hui que par le passé. D'ailleurs, pour l'instant, la campagne présidentielle esquive ces sujets-là : même les candidats qui prétendent défendre le peuple ne se positionnent pas sur ce qui préoccupe le plus les Français !

U&R Ce qui montre aussi que ce corps social est solide, c'est qu'il ne se désagrège pas malgré les désaccords…

A.Z. Absolument. Le débat, en France, sert à quelque chose, ce n'est pas que la guerre de tranchées souvent décrite. L'étude montre que seulement 19 % des Français déclarent que leurs idées politiques sont figées. Au contraire, une très forte majorité d'entre eux (73 %) estime que leurs idées peuvent évoluer. On aime échanger, se confronter à l'autre. Ce n'est pas la guerre, c'est la circulation des idées. En matière de pratiques, débattre n'est pas du tout marginal non plus puisque 86 % des Français ont des débats en face à face sur des sujets de société ou politiques avec des personnes ne partageant pas leurs opinions. Et surtout, parmi ceux-là, 54 % trouvent que c'est agréable.

U&R Quand on leur demande ce qui motive leurs choix politiques, les Français citent en priorité *« leurs valeurs »* (50 %), *« leurs souhaits pour l'avenir »* (46 %) et *« leur vision du monde »* (37 %), loin devant *« leurs craintes »* (22 %). Dans quelle mesure ce résultat vient-il contredire l'image d'un peuple français flippé et nostalgique ?

T.G. Dans l'ensemble, c'est vrai, les Français considèrent que leurs choix se forgent avant tout par rapport à leurs idéaux. Après, en partant d'une question aussi ouverte, difficile de dire dans quelle mesure ces idéaux se fondent ou non sur leur vie de tous les jours, sur leur expérience du quotidien.

A.Z. Dans notre livre (*Entre déclin et grandeur*, coécrit avec Thierry Keller, L'Aube, 2021), nous citons un citoyen qui nous dit ceci : *« Je n'en ai rien à faire des politiques qui s'écharpent pour savoir si Karim Benzema chante ou non* La Marseillaise *avant les matchs de l'équipe de France de foot, ça ne résout pas les problèmes en bas de chez moi. »* La formule est un peu démagogique, mais au fond, elle résume bien le sentiment général. Ne prenons pas les Français pour des cons : il y a une vraie intelligence du quotidien, une vraie envie de participer à la vie publique. D'ailleurs, 65 % se disent prêts à donner une partie de leur temps libre pour être utiles à la société.

Pourcentage de Français qui considèrent que *« les lois ne correspondent pas aux besoins des habitants »*. Par ailleurs, seulement 32 % des Français estiment que *« les lois sont en phase avec les évolutions de la société »*.

→

62 %

Pourcentage de Français qui, concernant les principaux sujets politiques, estiment *« avoir les idées claires »* mais *« n'excluent pas un changement d'opinion »*.

On entend souvent dire que les Français sont individualistes : ok, mais alors il s'agit d'un individualisme subi. Les Français ont envie d'être ensemble, de faire ensemble, simplement, ils ne savent pas toujours comment s'y prendre. Et ils ne sont pas aidés dans la mesure où nos institutions incitent les différentes forces politiques à s'opposer plutôt qu'à travailler ensemble. Les politiques ne cherchent pas à mettre de liant. Au contraire, ils sont souvent dans l'idée, assez saugrenue, que c'est en jouant sur ce qui nous sépare qu'ils vont réussir à gagner des voix. Dans le même temps, en Allemagne, une coalition gouvernementale s'est construite durant quatre mois, dont les membres proviennent de partis différents, mais qui finissent par se rejoindre autour d'un programme commun qu'ils vont pouvoir appliquer assez sereinement. Parce qu'ils ont tout intérêt à travailler ensemble…

U&R L'étude apporte aussi quelques enseignements sur le rapport des Français à la liberté. À la question *« Qu'est-ce qui limite le plus votre liberté ? »*, 53 % répondent *« l'argent »*, mais la deuxième réponse la plus citée est *« les questions liées aux libertés publiques »*…

T.G. La réponse numéro un reste *« l'argent »*, et assez nettement. C'est logique, même s'il est intéressant d'observer que la question des *« libertés publiques »* est citée au même niveau chez les sympathisants de gauche. Ce qui confirme qu'il y a une vraie soif pour plus de liberté. Là encore, on peut y voir un effet de l'enchaînement entre la crise des Gilets jaunes et la crise sanitaire. Par ailleurs, 28 % des Français disent ne pas se sentir libres en tant que citoyens. C'est quand même un chiffre important dans une démocratie…

A.Z. Ce chiffre est à mettre en parallèle avec un autre résultat qu'on peut considérer comme assez inquiétant : 34 % des Français considèrent que *« notre système politique restreint trop les libertés »*, contre 33 % qui estiment que « notre système politique *est bien adapté »* et 25 % qui déclarent que *« notre système politique laisse trop de libertés »*. Autrement dit, quelle que soit la politique mise en œuvre en France en matière de libertés publiques, tu auras toujours 60 % des Français contre toi.

T.G. Là encore, il faut nuancer : l'idée que le système actuel réduit trop les libertés est vraiment portée par les sympathisants de gauche, et l'idée qu'il est trop permissif par les sympathisants de droite. Ce qui signifie que le rapport à l'ordre reste un marqueur politique fort entre gauche et droite.

U&R Autre chiffre intéressant, mais difficile à interpréter : 30 % des Français pensent qu'ils auraient plus à perdre qu'à gagner *« si une révolution devait totalement changer les choses en France »*, contre 35 % qui estiment qu'ils auraient plus à gagner qu'à perdre…

A.Z. Là encore, c'est une question un peu dangereuse. Le chiffre qui m'interpelle, c'est surtout celui de la proportion de Français qui ne se prononcent pas sur cette question : 35 % disent ne pas savoir s'ils auraient plus à perdre ou à gagner en cas de révolution… Est-ce que l'inconnu permet d'améliorer sa situation ou bien l'inverse ? Pour beaucoup de Français, c'est impossible à dire.

T.G. À noter qu'aux questions posées sur la liberté et le sentiment d'être privilégié, il existe un écart important dans les réponses entre les hommes et les femmes, ce qui est finalement assez logique puisqu'on est encore aujourd'hui dans un système patriarcal, moins défavorable aux hommes qu'aux femmes. Par exemple, 28 % des hommes considèrent qu'en France *« nous sommes toutes et tous égaux devant la loi »*, contre seulement 17 % des femmes. C'est un écart important. Par ailleurs, 47 % des hommes disent se sentir privilégiés, contre 43 % de femmes. L'écart, cette fois, est plus ténu, mais il existe.

U&R À une question ouverte sur leurs aspirations pour les années à venir, les Français évoquent en priorité une société *« mieux protégée »* (51 %), « plus sereine » (42 %), *« plus ferme »* (30 %) et « plus ouverte » (27 %). En revanche, l'idée d'une société « plus douce » (14 %), *« plus légère »* (7 %), *« où l'on s'amuse davantage »* (11 %) séduit moins. L'heure ne semble clairement pas à la rigolade…

A.Z. Les gens n'aspirent pas tellement au fun, ce que montrait déjà notre précédente étude sur les tiraillements des Français en matière de consommation et de rapport à l'écologie *(voir Usbek & Rica n° 33, septembre 2021)*. Ces résultats font écho au constat établi par Jérémie Peltier, le directeur des études de la Fondation Jean-Jaurès, dans son livre *La Fête est finie* ? (L'Observatoire, 2021) : à l'évidence, nous ne vivons pas une époque comparable à la Libération, et tout le monde n'a pas envie DE sortir dans la rue avec son slip sur la tête… L'hédonisme est toujours un marqueur du peuple français, certes, mais on lit aussi chez nos compatriotes – et de plus en plus – à la fois beaucoup de bienveillance et d'inquiétude. Les Français sont sérieux et concernés par les sujets graves. Ce qui m'étonne davantage, c'est que seulement 18 % des Français aspirent à une société qui *« invente davantage »*. C'est quand même surprenant, ne serait-ce que parce que la France n'a pas réussi à mettre au point un vaccin contre le Covid-19.

T.G. Effectivement, les années 2020 ne sont pas de nouvelles Années folles. Les réponses des Français, au-delà de cette seule question, sont d'abord à comprendre comme l'expression d'une vulnérabilité : la moitié considère qu'ils ne sont *« pas privilégiés »* (50 %), les deux tiers se disent *« manipulés »* (63 %) et les trois quarts (75 %) considèrent qu'en France *« nous ne sommes pas toutes et tous égaux devant la loi »*. D'où ce besoin de protection, qui peut recouper un besoin de sécurité physique autant que professionnelle ou sociale. Avant de se sentir épanoui, il faut déjà se sentir en sécurité.

A.Z. D'autant que les crises des dernières années sont toujours là, latentes, elles ne sont pas derrière nous : personne n'a encore signé officiellement la fin du terrorisme ou la fin de la pandémie de Covid-19. Finalement, ce qu'on voit ressortir des quatre études menées dans le cadre de l'Observatoire des identités, c'est un paradoxe terrible qu'il va falloir s'atteler à résoudre : les questions considérées par les politiques comme étant celles qui font gagner une élection ne sont pas celles qui pourrissent la vie des Français au quotidien. Parler de justice, ça n'intéresse pas grand monde et ça ne fait pas gagner une élection. Mais agir sur ces questions et le faire savoir, expliquer que l'on améliore les choses, c'est ce qui fera remonter la confiance, qui redonnera foi en nos institutions. Il n'y a rien de pire qu'une démocratie faussée : or, on débat aujourd'hui de faux problèmes, car on n'a pas un diagnostic pertinent sur ce qui va bien ou mal en France ●

Ça se passe sur www.usbeketrica.com

S.O.S.

Nous avons tous besoin d'aide et nous pouvons tous aider. Besoin d'un coup de pouce pour végétaliser votre quartier ? Envie d'en savoir plus sur le potentiel des ordinateurs quantiques ? Coincé dans un mémoire de fin d'année sur le transhumanisme ? Hésitant sur une idée de business innovant ? Dans le flou sur une proposition politique ? Tout le monde pourra lancer un S.O.S. et la communauté aidera. Aidons-nous les uns les autres, pour que chacun se sente épaulé afin d'affronter les grands défis qui se présentent à nous. Avec cet espace d'entraide, vous ne serez plus jamais seul. À vous de créer de belles histoires.

Loteries

Il y a des projets qui peuvent faire la différence, qui peuvent avoir un impact positif réel et accélérer les transitions nécessaires. Avec nos loteries, nous vous proposons d'y prendre part au travers d'expériences hors du commun – monter à bord d'Energy Observer au large des côtes californiennes, expérimenter le revenu universel pendant six mois, etc., –afin de les tester, de les documenter et de les propulser. Comment ça marche ? Vous participez à nos loteries pour 5 € et vous pourrez être tiré au sort, via un processus blockchain, afin d'expérimenter le futur, en vrai. Accompagné par l'un de nos journalistes, vous deviendrez alors un explorateur du futur. Et chacun présentera son propre projet à la communauté, pour, à terme, en faire naître des milliers.

Bulletin d'abonnement

Pour vous abonner, rendez-vous sur www.usbeketrica.com/fr/magazine
ou retournez-nous ce coupon à l'adresse suivante : Usbek & Rica, 51 rue de Turbigo 75003 Paris
Pour toutes questions, veuillez nous envoyer un mail à : abonnement@usbeketrica.com

☐ **OUI, JE M'ABONNE À USBEK & RICA**
pour 1 an — 4 numéros (France : 79 €, Europe : 89 €, Monde : 99 €)

VOS COORDONNÉES

Nom : ____________ Prénom : ____________
Adresse : ____________
Code postal : ____________ Pays : ____________
Email : ____________ Téléphone : ____________

Votre mode de règlement
☐ Par chèque à l'ordre d'Usbek & Rica
☐ Par carte bancaire
N° ____ ____ ____ ____
Date d'expiration : __ / __
Clé (3 chiffres au dos de la CB) : ___

Signature obligatoire

Prédictions

La candidature de Sophie Marceau, les cerveaux des frères Bogdanoff, les autotests de Benoît Paire… Voici un avant-goût de l'actualité du trimestre à venir. Garantie sur facture.

25 janvier
« À la demande de Yannick, Arnaud, Anne, Christiane et même Jean-Luc », Sophie Marceau, personnalité préférée des Français, accepte d'être la *« candidate unique »* de la gauche à la présidentielle 2022.

—

28 janvier
Luc Ferry confirme la rumeur : avant de décéder du Covid-19, ses amis Grichka et Igor Bogdanoff ont téléchargé leurs cerveaux dans de nouveaux corps. Ils participeront donc bien à l'édition 2022 de « Danse avec les stars ».

—

30 janvier
Finale de l'Open d'Australie. Benoît Paire est balayé par Daniil Medvedev. Mais le Français se fait remarquer en pratiquant un autotest de dépistage du Covid-19 à chaque changement de côté.

—

2 février
Le prochain « Chief innovation officer » de Tesla sera recruté parmi 456 candidats présélectionnés pour participer à un jeu de survie sur une île déserte. *« Comme dans Squid Game ! »* tweete Elon Musk.

—

13 février
La vente de saucisses-gratin organisée par la commune de Dolomieu (Isère) aura bien lieu à la caserne des sapeurs-pompiers. Masque obligatoire.

—

24 février
« Congratulations Kylie Jenner ! » Au lendemain de la naissance du deuxième enfant de l'influenceuse, grâce au télescope spatial James-Webb, le monde découvre, stupéfait, ce message inscrit sur le sol de l'exoplanète rocheuse GJ367B.

—

27 février
L'OMS baptise le nouveau variant du Covid-19 « Lambda », du nom de la 11e lettre de l'alphabet grec. Son taux de reproduction serait quelconque et les symptômes très ordinaires.

—

10 mars
Grisé par le succès de son émission « Face à baba », Cyril Hanouna lance « Face à Babar » sur C8. Le concept : chaque candidat à la présidentielle doit présenter trois mesures pour sauver l'éléphant d'Afrique de l'extinction.

—

23 mars
Présidentielle 2022 : Jacques Cheminade passe de 0,2 à 1,3 % dans les sondages après la diffusion de « Chem-Cheminade », un *lipdub* dans lequel le candidat et son équipe dansent sur les toits de Paris déguisés en ramoneurs.

—

30 mars
Cara Delevingne change l'orthographe de son nom, qui s'écrit désormais « Delavigne ». *« La victoire des usages »*, réagit l'actrice.

—